笑って長生き

笑いと長寿の健康科学

昇 幹夫 著

大月書店

目次

はじめに

人はなぜ笑うのか？　多くの人が考えました。わかりました。賢くなったから笑えるのです。また、人は賢くなったから悩むのです。賢いから明日の心配をするのです。年金のこと、将来の健康のこと、人間はほっておいたら、みんな心配性です。賢いから取り越し苦労をするのです。イヌやネコが明日の心配をしますか？　動物は心配しません。人間だけです。同時に、動物は笑うこともないのです。悩むことと笑うことは、食べたら出るというのと同じくらいセットなのです。

それなのに、悩むだけ悩んで笑わなければ生きていけませんよ。落ちるだけ落ちたら、あとは笑うしかシャーナイというでしょう。泣くんじゃありません。笑うんです。「にもかかわらず笑う」ことです。景気のいいとき笑うのは当たり前。でも景気の悪いときこそ「にもかかわらず笑う」精神が大事なのです。ネアカであり続けることは強い意志を要するといいます。

一九九一年に大阪の吉本興業の経営する「なんばグランド花月」で、ガン闘病者の方々など一九人に吉本新喜劇を見て三時間大笑いしてもらい、その前後でガン細胞をやっつけるリンパ球の活性を調べたところ、非常に改善がみられました。この研究は、一九九二年に札幌で開催された日本心身医学会で最優秀論文に選ばれました。これは、一九八七年にガン患者さん七人をヨーロッパの最高峰・モンブラン（四八〇七メートル）に連れていった、岡山の伊丹仁朗先生と一緒にやった実験で、それは当時のマスコミで広く紹介され、それ以来、吉本興業は「自分たちは健康産業だ」というようになりました。笑いの健康増進効果が認められた日本で最初の偉業でした。

そしてそのとき活性化したのが、ガン細胞を直接やっつけてくれるナチュラル・キラー細胞（ＮＫ細胞）というリンパ球で、その名の通り「天然の殺し屋」です。これも現在では広く知られるようになりました。なかには「なんば花月でやった実験だから、なんば花月の細胞でＮＫ細胞というんだ」という思いちがいをしている人もいるくらい有名になりました。それ以来、日本医大ではリウマチ患者に落語を聞いてもらって痛み止めが半分以下に減ったとか、筑波大学では糖尿病患者に漫才を聞かせたら血糖値が下がった（二〇〇三年一月）など、数々の実験がおこなわれ、ますます笑いは健康によいという証拠（エビデンス）が見つかってきました。

現在では、エビデンス・ベイスト・メディスン（証拠に基づく医療）といって、薬でも手当法でも根拠を示さないと科学的でないといわれ、従来の治療が再検討されています。そんな中にあって、「笑いが健康によい」ということに関する科学的データがたくさんでてきたのです。決して「笑い事」ではなくなったわけです。

私は高校卒業三〇周年の同窓会のときに、二〇〇名中八名が亡くなり、そのうち四人が医者という事実にショックを受け五〇代は生き方を変えようと決心しました。そして一九九七年には一五名のガン闘病者の方々とモンブラン山麓トレッキング、二〇〇〇年八月には日米合同ガン克服富士登山（ガン患者二〇〇名）にも参加しました。そして〇三年には世界で初めての末期ガンから生還した一二四名が一二〇〇名のガン患者にその体験を語る「第一回千百人集会」にも参加して、ガンは過労死寸前の働き方を改めなさいというメッセージであることに気付きました。そして生活習慣病の代表であるガンもその原因である頑張りすぎ、食の乱れ、心の持ち方を変えると見事に平和共存できることがわかりました。また、一九九一年には笑いが免疫力を上げるという吉本実験にも参加して、その効用をもっと広めるために、日本笑い学会の健康法師として診療のかたわら全国行脚をして一〇年目になります。年間一〇〇人近くの出産にもついて、これまで一六〇〇回くらい講演をしていますので、元気で長生き、ピンピンコロリのコツを吉本風に解説してみましょう。

1 笑いで病気がよくなる?!

●漫才で糖尿病がよくなった！

二〇〇三年一月、日本笑い学会会員のひとりで筑波大学名誉教授の村上和雄先生は、筑波大学と大阪の吉本興業と組んで前代未聞のとんでもない実験をやってくれました。十九人の糖尿病患者に五〇〇カロリーの寿司を食べてもらい、大学の先生に糖尿病の講義を四五分してもらって二時間後の血糖値を測定したところ、平均上昇率が一二三mg／dlでした。翌日また同じ五〇〇キロカロリーのにぎり寿司を食べてもらい、今度はつくばホールに一般市民一〇〇〇人にまじって大阪の有名な漫才師B＆Bのふたりに一時間も熱演してもらいました。

村上先生はそのとき、演者のふたりに耳打ちをしました。「今回の実験は世界的なスゴイ実験になるかもしれませんよ」と。それを聞いたふたりは大いに燃えました。さすがプロですね、客の反応に合わせてどんどんバージョンアップしていって、最後は大爆笑で四五分間が過ぎました。その後の血糖値検査では、平均上昇率が七七mg／dlでした。漫才を聞く前に比べてなんと四六mg／dlも下がったのです。これは専門家の予想を大いに上回る結果でした。血糖値の測定は、今では患者自身が指先に針を刺して、その場ですぐに結果がわかります。患者さん自身が「下がった、下がった！」と言って大さわぎになりました。そしてたくさん笑った人ほど、よけいに下がったということもわかりました。

その結果をすぐに英文の論文にして、米国の糖尿病専門誌「Diabetes Care」に投稿したところ、むずかしい審査を一発で通って掲載され、それを見たロイター通信が世界中に配信しました。これまでは糖尿病には食事制限、運動とつらいことばかり言わなければなりませんでした。ところがこれからは、もっと笑いのある生活をしなさい、そうすると糖尿病もこれほどよくなるということを厳密な実験で言えるようになったのです。筑波大学では、その後が大変でした。日本中の糖尿病の患者さんから問い合わせがきたのです。「B&Bという薬はどこに売ってるのですか？」と。

それでは、どこがどうなって笑いが血糖値を下げるのでしょうか？　からだの調子がよくなるということは、楽しい気分が、いい状態になる遺伝子のスイッチをオンにするのではないかと村上先生は考えました。

体内にあるおよそ三万二〇〇〇個の遺伝子は、生命の維持に必要なホルモンや酵素を作り出す司令塔の役割をしています。ホルモンや酵素が作られるとき、メッセンジャーRNAという物質が遺伝子の情報をコピーして、それをタンパク質の工場であるリボゾームに運び、遺伝子の指令通りのホルモンや酵素が作られます。笑うという刺激が脳の中に発生すると、特定の遺伝子のスイッチがはいり、働きが活発になると村上先生は考えました。笑うことでどの遺伝子がオンになるのか、変化した遺伝子を見つけるために、筑波大学の「心と遺伝子研究会」ではDNAチップという新しい解析技術を使ってすべての遺伝子を調べました。すると、新しいタンパク質を作るために必要な六四の遺伝子のスイッチがオンになっていることがわかったのです。ホルモンを作る工場、リボゾームに関する遺伝子がオンになり新陳代謝を活発にしました。ヘモグロビン（血色素）に関する遺伝子がオンになって酸素がからだ中にゆきわたり、いきいきと生活できるようになりました。

●笑いのツボは人によってちがう

奈良県の天理よろず相談所病院では、二年も前から糖尿病専門外来でお笑いビデオを診療のひとつに使っていますが、七〇％の方に効果がでています。七〇％も効く薬は特効薬といわれますが、なぜ一〇〇％にならないのでしょうか。

日本笑い学会で、ある映画監督からこんな話を聞きました。お涙ちょうだいの映画は作りやすい、というのはみなさん、泣くところが一緒だからです。ところがコメディはむずかしい。奥さんのほうは大笑いしているのにご主人は全然笑わない。それどころか「こんなくだらないものを見てよう笑えるもんだ」とまで言うのです。

同じところで笑えるというのは感性が近いということです。これから結婚でもしようかと考えている女性にアドバイスをひとつ、デートのときにレストランとか喫茶店に行かないで寄席にいってごらんなさい。そこで、あなただけ笑っていて相手が笑っていなかったらどうでしょう? そんな人と何十年も一緒に暮らせるでしょうか? それがわかるのが寄席なんです。寄席の新しい活用法ということになりますね。

ということで、何を面白いと思うかは人によってちがうんです。だから一〇〇人全員を笑わせることはできない、そんなお笑いビデオは作れないのです。面白くない。これを大阪弁で「黒いイヌのしっぽ」というんです。意味がわかりますか? 「尾も白くない」→「面白くない」というしゃれ言葉なんですね。ついでに言いますと、大阪は商売の町、商売は「笑売」とも書いて「売ってやる」という姿勢では商いはできません。それで、しゃれ言葉がたくさんあります。そんなものをいくつか知っていると、しゃべる言葉が豊かになります。たとえば、たくさんクレームがきたときには「うさぎの逆立ちやった」といいます。そのこころは「耳が痛い」。もてない人のことは「夏のひばち」、その意味は誰もよう手を出さん！　今日の勘定は血みどろにしましょう、答えは割り勘、その意味は頭割りです。頭を割ったら血みどろになるでしょう。そうやってお互い笑って会話する習慣が大阪にはありました。最後に「真っ白な犬の話」というのはもうおわかりですね。「頭も白けりゃ尾も白い」→「面白い話」というわけです。

●幸福遺伝子のはなし

この笑い実験で目覚めたのは病気をよくする健康遺伝子ですが、普通の人がもっと元気で暮らせる幸福遺伝子について、天理よろず相談所病院の内分泌内科部長の石井均先生はこんなエピソードを語ってくれました。糖尿病などの生活習慣病の患者さんで大切なのは病院や薬で治してもらうのではなく、自分で治す、よい生活習慣をつけるという自己管理＝セルフケアが大事ですが、これが多くの人には苦手。ところが、わかっちゃいるけどやめられないと思っていた患者が突然、セルフケアを積極的にし始めることがあります。これは「物事を前向きに考える」という遺伝子がスイッチオンになったと石井部長は見ました。

ある三三歳の男性は、三歳で糖尿病を発症し、小さいときからセルフケアを指導されて続けてきましたが、十代のときに「どうして僕だけラーメンを食べられないの」と自暴自棄になったり、運動をさぼったりしたこともよくありました。そのたびに家族からは、「なぜ言いつけを守らないの！」と怒られ、ついに「どうせ僕は治らない。治療をやってもやらなくても一緒。なぜ三歳の時に死なせてくれなかった」と、心を閉ざしてすべてのセルフケアを放棄していました。

彼は「どうして自分だけが」という孤独感にさいなまれていたので、石井部長は彼を入院させて、カウンセリングを中心として彼の思いを十分に吐き出させました。すると七日目、彼は「ところてんやこんにゃくみたいなカロリーの少ないのも食べてみようかな」と言いだしたので、先生はその提案をほめました。「がんばれ」ではなくて「がんばってるね」と、彼があちこちぶつかりながらも何とかしようとしている努力を認めてほめてあげたのです。すると彼は自分から食事管理を開始して、一週間後にはインスリン注射も始めました。そして一カ月後には、自分で血糖値の測定もするようになったのです。

石井先生は「感情の遺伝子システムそのものが変わらなければ、こんなに短期間にものの考え方が一八〇度好転するわけがない」とおっしゃいました。大事なのは自分で前向きに生きようという気持ちを持って、それがまわりに評価され、彼は自分のことをホントに思ってくれる人がいるというのを確信したことで「一人ではない」という幸福を感じた、そのとき幸福遺伝子がめざめたのではと石井先生はコメントしていました。

●リウマチだって落語でよくなった!

一九九五年三月、日本医大リウマチ科の吉野槙一教授は病院の一室に紅白の垂れ幕と金屏風で寄席の舞台を作り、落語家の林家木久蔵師匠を招き、手足の関節が変形し、いつも痛み止めを持ち歩くという、中度から重度のリウマチの女性患者二六人にナマの落語を一時間きいてもらいました。ご存じの通り、慢性関節リウマチという病気は三〇〇〇年も昔からあるやっかいな病気で、気分のいいときは痛みが軽く、気分の悪いときには痛みが強く出るという特徴があります。そして、リウマチの人は病人の中で一番マジメ、もっとも笑わないのがリウマチともいわれています。その病気に三〇年以上も取り組んでおられる吉野先生はこの方々に一度落語を聞いてもらい、笑った後に痛みがどうなるか、血液のデータがどうなるかを調べる実験を思いついたのです。

患者さんたちの平均年齢は五七・七歳、どの方も病歴は長く、短い人でも発病してから六年、長い人は三六年もこの病気とつきあっていました。そして全員が手足の関節が変形して、重症度は中ないし重度と認定される方ばかりでした。ですから、みな痛み止めやステロイド剤などの薬を常用していました。信頼される実験では、二重盲検法といって、比較のために病気でない同じような方々も同様の数だけ実験に参加してもらいます。今回は、平均年齢五一・一歳の健康な女性三一人にも実験に加わってもらいました。落語を聞く前後に血液を採取し、炎症の程度を示す物質で免疫にも関係する生理活性物質「インターロイキン6」（以後略してＩＬ‐6）が、独演会の後では二六人中二二人が顕著に減少していることがわかりました。健康な人の十倍以上もあったのに正常値にもどった患者もいました。

リウマチが悪化すると上昇するガンマ・インターフェロンも、どちらのグループでも減少しました。こういう効果は、リウマチの治療薬・副腎皮質ホルモン（ステロイド）を大量に使わないとおこりません。それがナント一時間笑っただけで改善したのです。またＩＬ‐6はどういうときに下がるのか、さらに研究した結果、全身麻酔をかけた後にも下がることがわかりました。つまり、大笑いすることは全身麻酔をかけるのと同じ効果があることがわかったのです。臨床検査のデータだけでなく、落語を聞く前後の気分のちがいもチェックしました。フェーススケールといって、大笑いしている顔を一、大泣きしてるときの顔を二〇、普通の顔が一〇、といった二〇の顔が並んだ図表を見せ、落語を聞く前後であなたの気分はどれくらいかを記してもらいます。どちらのグループでも気分は抜群によくなりました。もちろん痛みは全員が軽くなり、それから三週間も鎮痛剤がいらなかったという人まででました。

吉野教授は、一時間でこれほど効果があって副作用のない薬はない、医師は薬だけでなく精神面でのサポートも必要であることを痛感したと、予想を上回る効果に驚きました。「病いは気から」のことわざを裏付けるような結果で、「精神神経免疫学」のいうとおり、まさにそれぞれが体内では密接につながっていることが判明したのです。患者さんからも「自分でもこんなに声を出して笑ったのはずいぶん久しぶり、毎日笑えたらどんなにいいか。今日はほんとにありがたかった」という感想が寄せられました。

吉野教授も、リウマチの患者さんには薬物療法や神経ブロックという治療だけでなく、くよくよしないで明るく前向きに生活する態度を身につけるよう指導することが、薬の効果を倍増すると言っています。また師匠のコメントもうかがいました。どうしてこんなに効いたんでしょうか？「やはり名前がよかったんでしょうね。林家木久蔵という名前ですから」と見事にオチをつけてくれました。そして、この実験もすぐアメリカのリウマチ専門雑誌「Journal of Rheumatology」二三巻四号（一九九六年）に、木久蔵師匠の写真入りで掲載されました（写真1）。

●吉本新喜劇を見て、ガン細胞をやっつける免疫力をアップ！

一九九一年、大阪なんばの吉本興業のなんばグランド花月で二〇歳から六二歳まで、ガン患者を含む一九人の方々が漫才や漫談、吉本新喜劇を三時間見て大笑いして、その前後で血液中のリンパ球でガン細胞に直接攻撃をかけるナチュラル・キラー細胞（NK細胞）の活性度や免疫システムのバランス力（CD4／8比）を調べました。まず、NK細胞の活性度ですが、直前値が基準値内の人と基準値以下の方がそれぞれ五人、最初から高かった方が八人いました（図1）。測定できなかった方がひとりいたためデータ総数は一八人です。最初から低い人、基準値内の人のいずれも上昇しました。免疫力は低いと感染症にかかりやすいし、高すぎるとアレルギーなどの反応をおこしやすいわけですから、高いほうがいいというわけではなくてやはり基

写真1　アメリカのリウマチ専門誌に掲載された木久蔵師匠の寄席

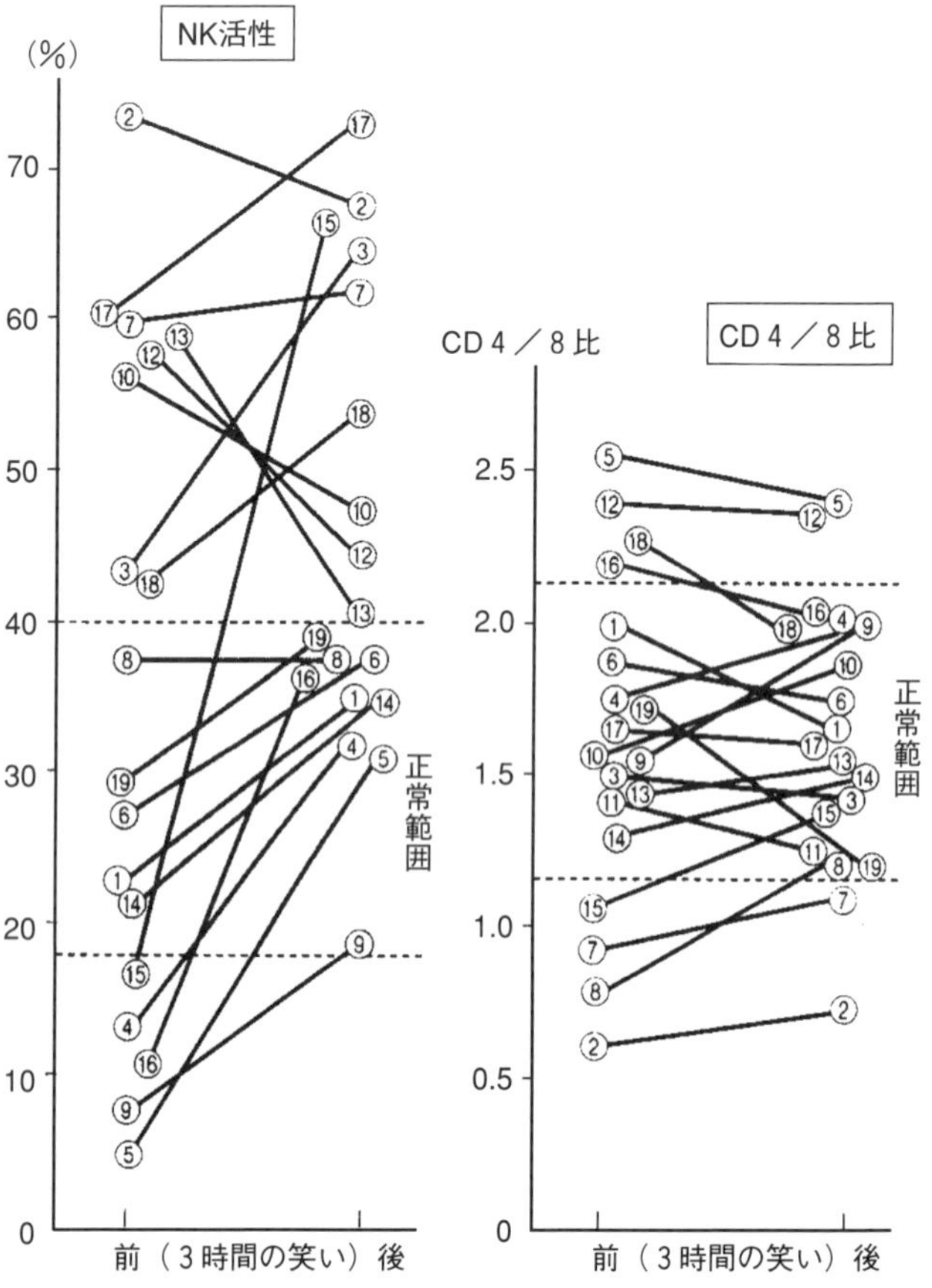

図1　笑いの体験による免疫能力の変化

準値内にあるのがのぞましいわけです。

最初から高い八人のうち大笑いをして、さらに上昇した人が四人、下降した人が四人という結果でした。リンパ球にはCDというナンバーで働きによって番号が決まっています。CD4は車のアクセル、CD8は車のブレーキの役目で、免疫システムのバランス力というのはCD4とCD8の比で、これが低すぎるとガンに対抗する抵抗力が弱く、高すぎると自分自身のからだを破壊する病気（リウマチ、膠原病など）になりやすいということです。この免疫システムのバランス力を見ると基準値よりも低すぎる人は高く、高すぎる人は基準値の方向へ低くなるというすごい結果でした。

人の体内では毎日、約五〇〇〇個のガン細胞が発生しているといわれています。それが全部表にでたらどうなりますか？　こんなに長生きできませんね。それを毎日やっつけてくれる武器を持っているから我々は平気でいられるのです。そのひとつがNK細胞です。その数なんと五〇億個あるといわれていて、それが毎日発生するガン細胞をやっつけてくれます。写真2は、NK細胞がガン細胞にガブリと食いついたところで、京都のルイ・パストゥール医学研究センターで撮影した写真です。吉本大実験を一緒におこなった岡山の伊丹仁朗先生からお借りしました。わずか五分間笑うことでNK細胞は活性化します。一方、注射による活性化には三日もかかるそうです。

ところが免疫の働きは年齢とともに低下し、二〇歳でその働きを一〇〇とすると四〇歳ではその半分、六〇歳ではさらに半分というくらいに低下します。だからトシをとるとガンが増えるということになるのです。老化とガン化は同じ道筋なんですね。ですからNK細胞を活性化すれば元気で長生き、ガンにもなりにくいということになります。破顔一笑は破ガン一笑でもあるのです。反対にうつ状態になると、NK細胞の活性は低下します。阪神大震災の後、神戸で被災した方々のNK活性がかなり低下し、震災後一年すぎても低いままという報告もありました。幸い三年後のデータでは元にもどって

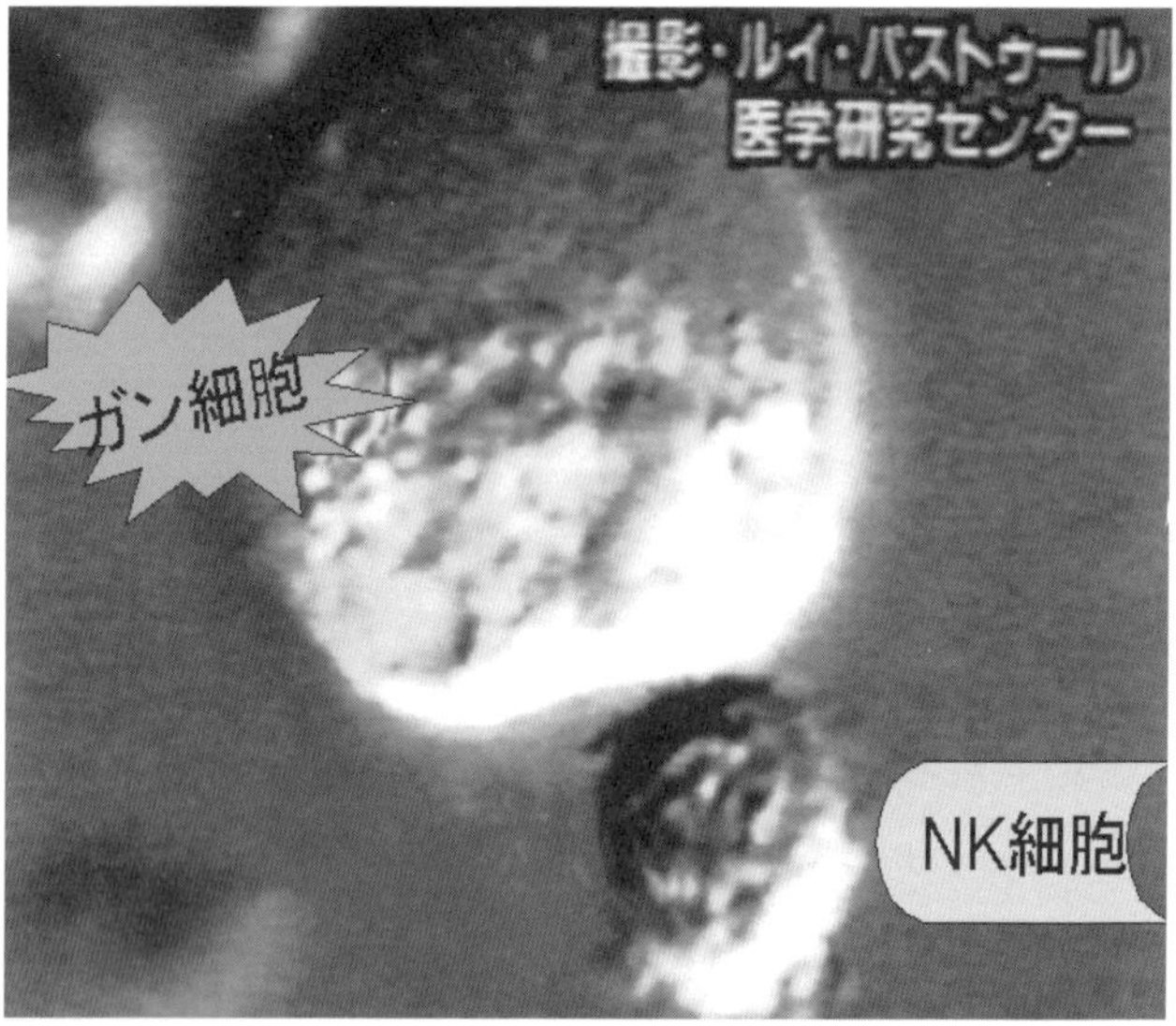

写真2　NK細胞とガン細胞

いたそうです。

●落語で笑ってストレス低下

大阪府立健康科学センターでは二〇〇二年から健康落語道場を開き、落語を聞く前と後で唾液の中のストレスホルモン（コルチゾールとクロモグラニンA）の変化を調べました。コルチゾールは半数が減少し、クロモグラニンAは七割の方が減少しました。男女別で見ると女性のほうが、またかねてからよく落語を聞いている人やいつも声を出して笑っている人のほうがよりさがっていました（図2）。

●笑ってアトピー改善

大阪府の守口敬任会病院の木俣肇アレルギー科部長は、アトピー性皮膚炎で笑いの効果の実験をしました。アトピー性皮膚炎の患者をA群とB群に分けて、アレルギー反応をみました。プリックテストといって、皮膚にアレルギーの原因となる物質（たとえばハウスダスト、卵、牛乳など）を塗って、それがどう変化するかを比べます。そしてA群にはコメディ映画を見せ、B群には天気予報を見せました。するとA群のほうがあきらかにアレルギー反応が弱くなるのです。じっさいにかゆみも減少する傾向がありました（図3）。

落語鑑賞で笑ったことによりコルチゾールの
数値が低下した実験データ

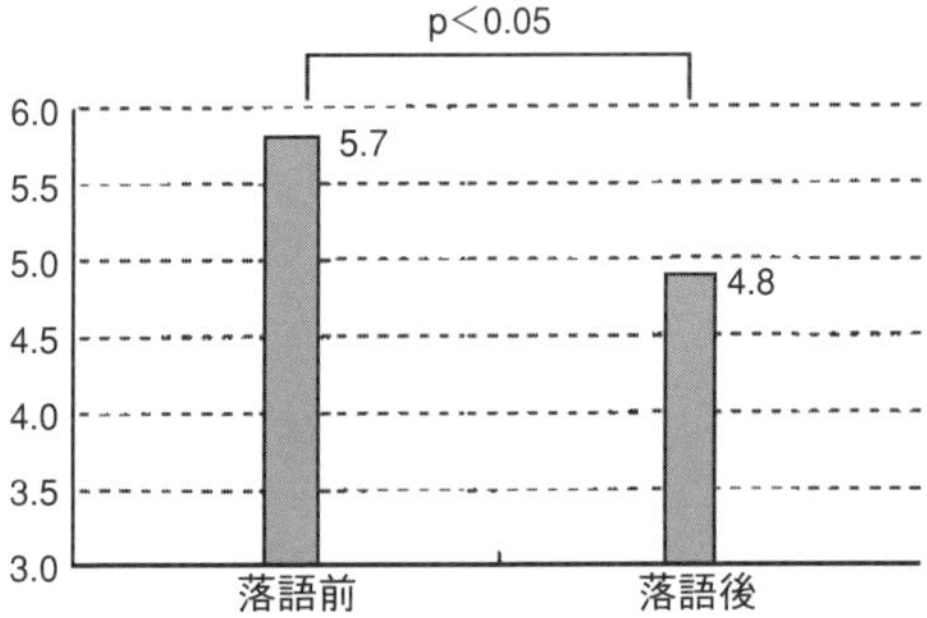

落語鑑賞で笑ったことによりクロモグラニンAの
数値が低下した実験データ

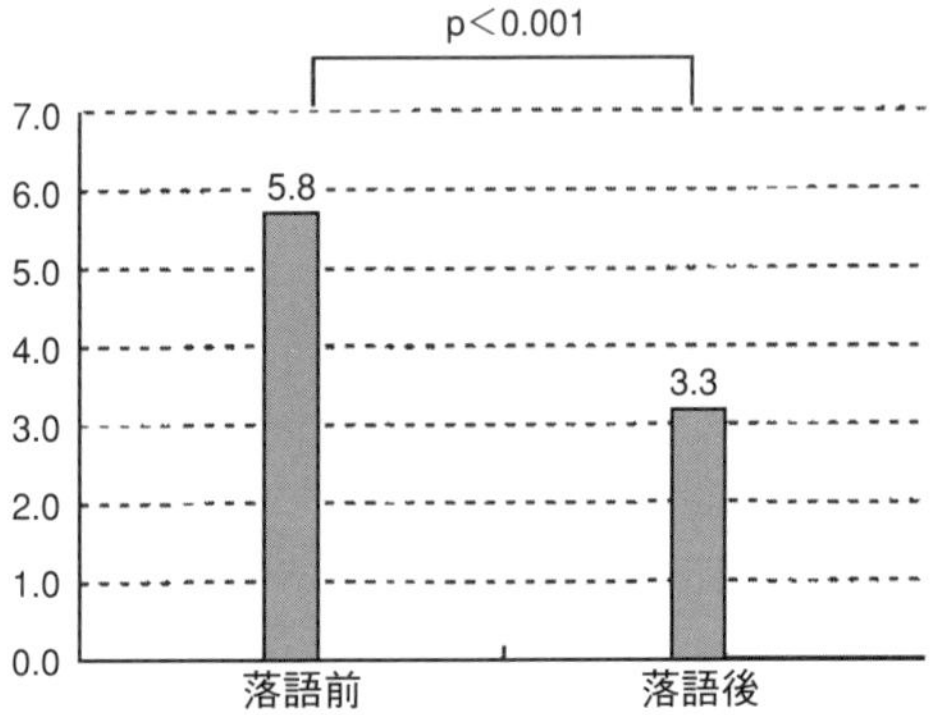

図2「大阪府立健康科学センター年報（平成15年度）」より作図

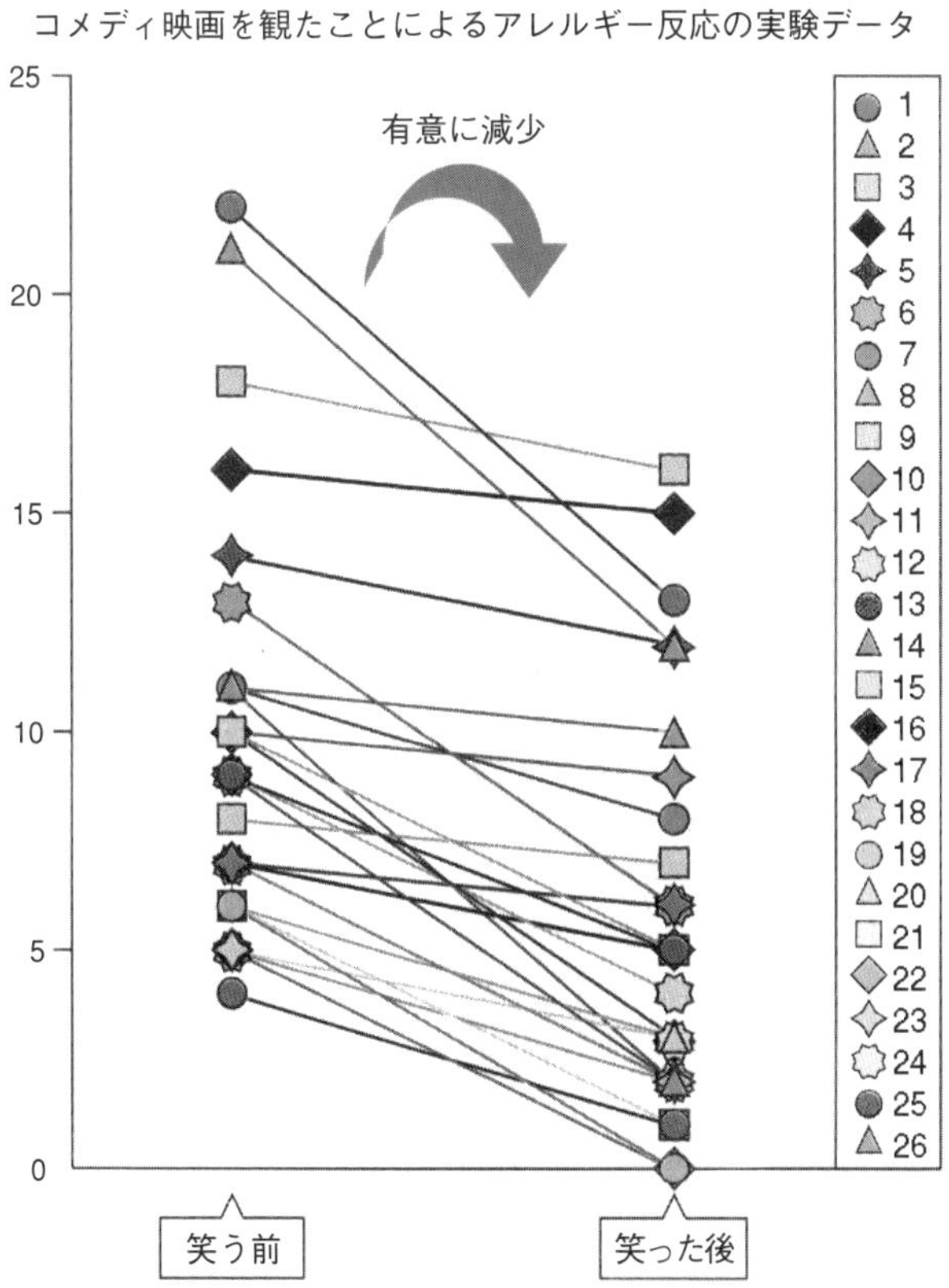

図 3 「Effect of humor on allergen-induced wheal reactions」（木俣肇）より作図

また、授乳している母親の笑いがダニアレルギーのある乳児に与える影響についても調べました。母乳の中にはレプチンというアレルギー反応抑制物質があります。授乳中に漫才を見て笑った母親の母乳の中にはレプチンが増えて、その子どものダニアレルギーの反応が軽くなりました。ミルクを与えるときも、笑いながら与えると同じ結果がでました。これらの実験結果から、木俣先生は笑いにはアレルギー反応を抑える働きがあり、副腎皮質ホルモン（ステロイド）を使わない治療に笑い療法をとりいれるとこんなに改善するという多くの症例を、アメリカの医学雑誌に発表したところ、ワシントンポストという有名な新聞にも掲載されました（二〇〇一年二月二〇日付）。

●笑うと脳はどうなるの?

「医者もできる落語家」といわれる、高崎市の中央群馬脳外科病院の中島英雄理事長は、開院当初から二〇年近く、毎月最後の土曜の午後に病院寄席を開き、落語鑑賞前後の脳血流の変化や脳波を調べる実験をしました。中島先生は東京の国立劇場でもう一〇年近く独演会を開いてきたホンマモンの落語家ですから、この寄席には立川談志師匠、立川志の輔師匠など、そうそうたる顔ぶれが同業のよしみで出演されています。私も三年前に出させていただきました。

笑うというのは、リラックスするからアルファ波が増えるという単純なものではありませんでした。脳血流は六四％の方が増加し、二三％の方が減少しました。面白いことに血流が増えた方は落語が面白かったと思った人で、減少した方は面白くなかったからそれほど笑わなかった人たちでした(図4)。脳波についていえばアルファ波はくつろいだ時、ベータ波は緊張したり考え事をしたりしたときに増えます。眠たいときのように、脳の働きが低下してくるとデルタ一波、シータ波が現れます。実験の結果、落語を聞いて笑った患者さんはアルファ波とベータ波が増え、デルタ一波とシータ波が激減することがわかりました。つまり、笑うと脳がリラックスするとともに、

落語鑑賞で笑ったことにより脳の血液量が増加した実験データ

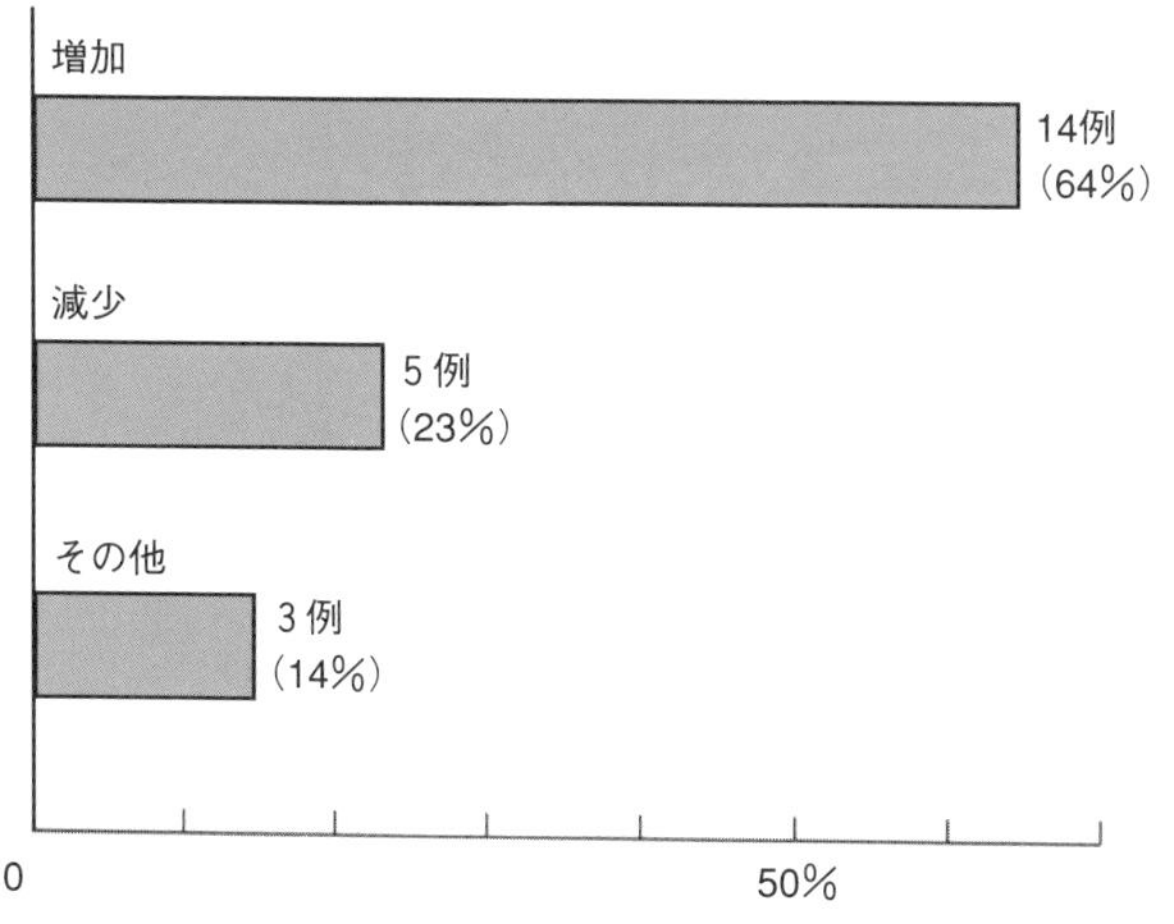

図4「病気が治る!?　病院のおかしな話」(中島英雄)より作図

脳全体が活性化することがわかったのです。

●妊婦に落語を聞かせたら

胎教コンサートというのがあります。胎児はモーツァルトがとくにお好きということで、二〇〇六年はモーツァルト生誕二五〇年ということもあってとくに売れています。モーツァルトの代わりに落語を聞かせた、日本笑い学会の理事がおられます。松本治朗先生は神戸のもとパルモア病院の産婦人科部長でした。当直の日に、お産で起こされて、そのあと眠れないときに、患者指導の手引きを落語仕立てにしたら、みんなが楽しく学んでくれるのではと考えて、『コレステロール』・『骨粗しょう症』という新作落語を作りました。プロに演じてもらおうと、人間国宝の桂米朝さんの息子さん、桂小米朝さんに何度も脚本を送りつけ、最後は根負けして「じゃあやりましょう」ということで、今では小米朝さん一座と松本先生も一緒に各地の健康フェスティバルに招かれています。

『コレステロール』は、「これはからだにいらんもんだからコレ捨てろ」というオチになってます。また『骨粗しょう症』は、古典落語の『青菜』をベースにして、おばあちゃんが骨折して入院してる、その病名が骨粗…そしょう症というややこしい病名でという話です。近頃、ここの保健所に骨が丈夫かどうか調べる機械がはいったそうだというような筋立てにして骨密度の検診をPRするというもので、「医学落語」という新しい言葉を　生み出しました。落語を聞いているうちに医学知識が身につくというわけですね。

　その松本先生が、妊婦さんにモーツァルトの代わりに落語をヘッドフォンで聞かせる実験をしました。まず桂米朝さんの古典落語の『地獄八景亡者戯（じごくばっけい　もうじゃのたわむれ）』、次に桂文珍さんに『老婆の休日』という新作落語、最後は駆け出しの若手に『動物園』という新作落語を聞いてもらいました。それぞれ二人ずつで、とくに落語好きという方ではなく、普通の二〇代

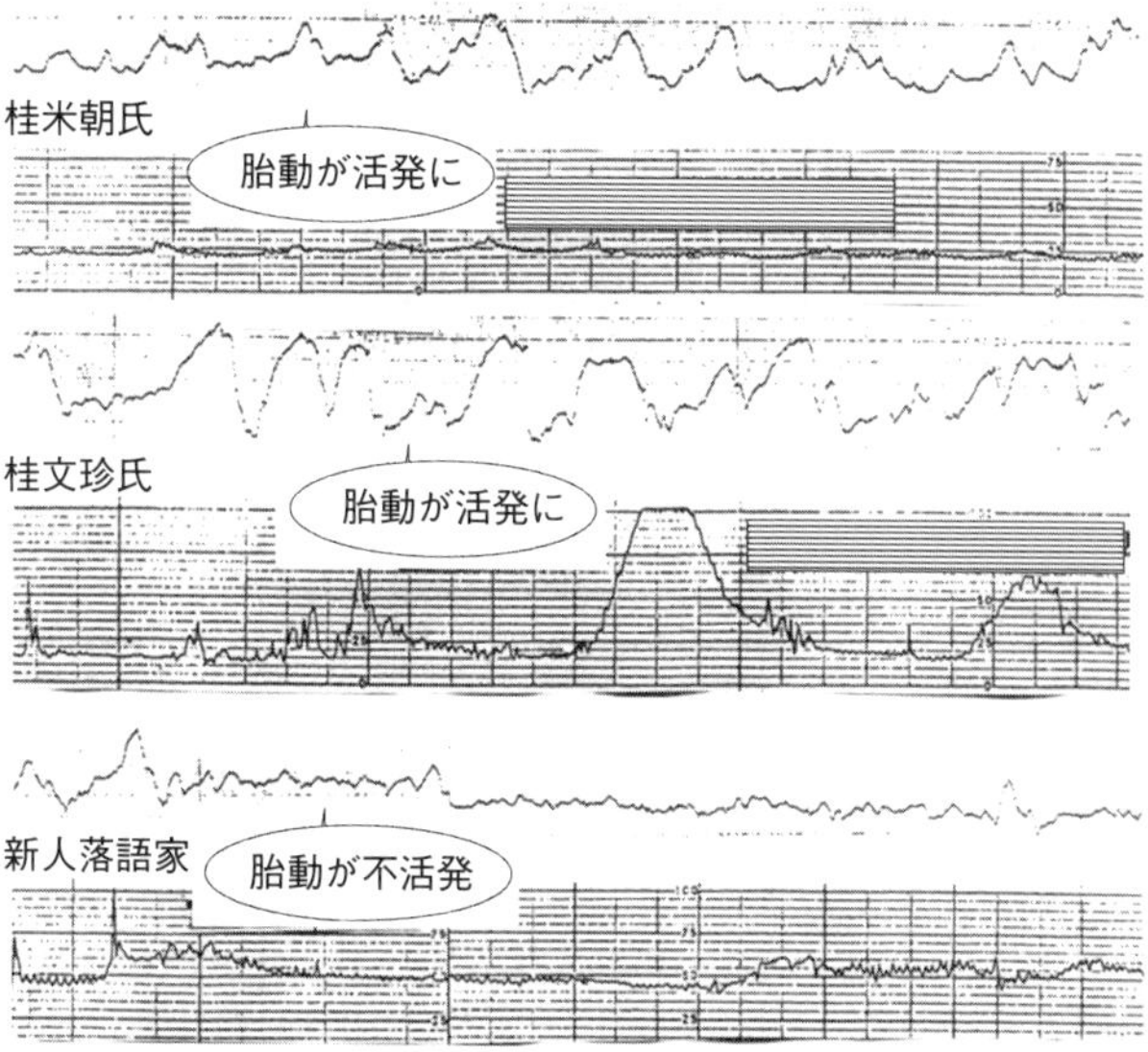

図5　胎児に落語を聞かせたら

の妊婦さんに聞いてもらったのです。お産が近くなると、どこの産婦人科でも胎児心拍陣痛計というのをお腹につけて、お腹の赤ちゃんが元気かどうかを調べます。図5の上のギザギザは、胎児の一分間の心拍数で変化があるのは胎児が元気な証拠です。下の波は、お腹につけた陣痛計でお腹が張ってくると大きな波が描かれます。実験結果ですが、桂米朝さんの古典落語はクスッと笑うことはありますが、なかなか大笑いという

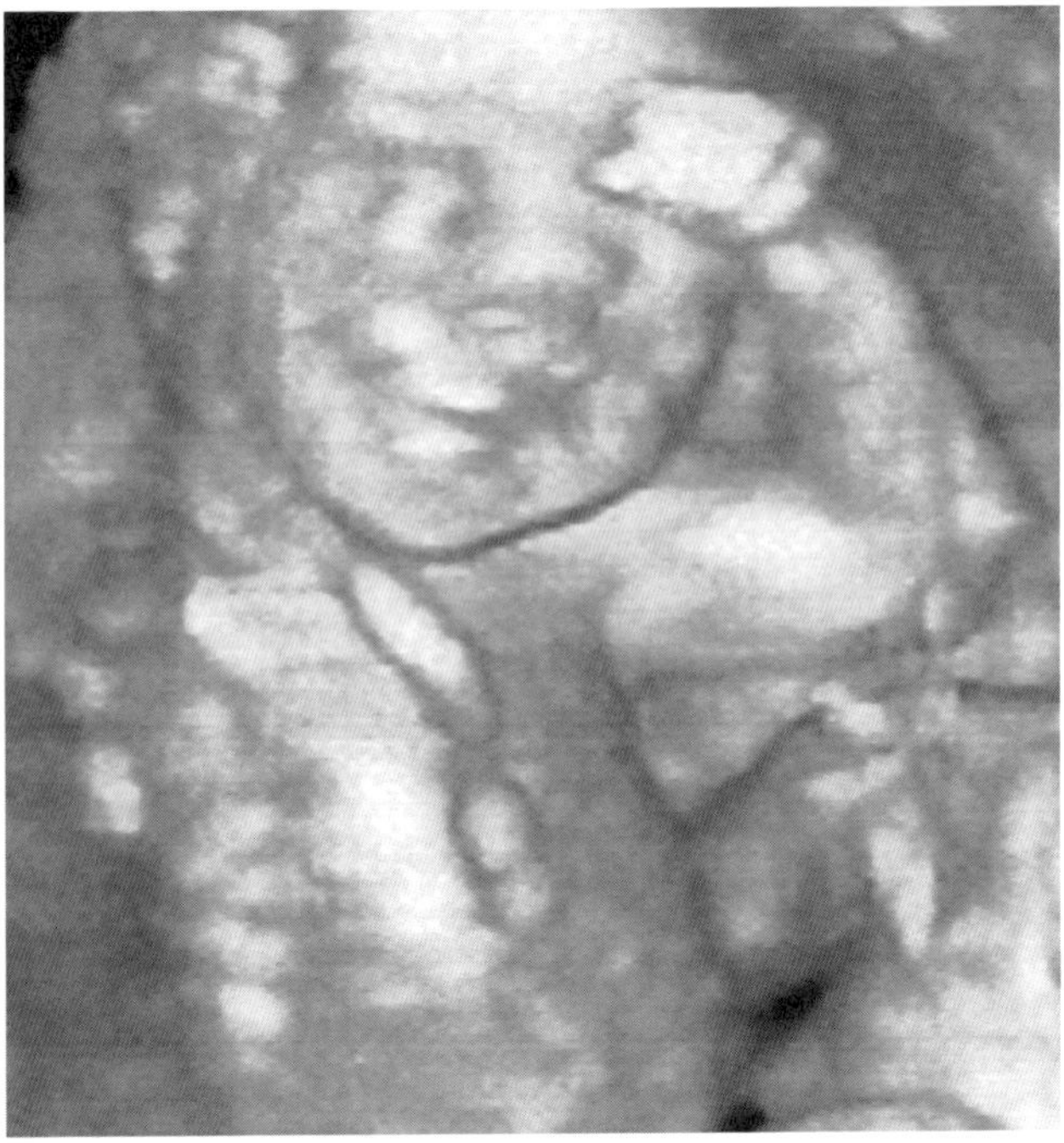

写真3　胎児の微笑み（8カ月目の胎児の超音波4D画像）

わけにはいきません。でも胎動は活発になります。次に文珍さんは、若い人にもバカ受けする面白い話ですので、声を出して大笑いし、お腹が頻繁に張ります。駆け出しの若手の話では胎動が減り、ちょっと仮死に近くなりました。ですから、妊婦さんが楽しい気分でいると赤ちゃんは楽しい気分でいられます。今それを超音波断層装置の最新型（4D）で、このように写真を撮ることができます（写真3）。

予定日を過ぎてもなかなか生まれそうにないときは、桂文珍さんの落語を聞かせると自然に陣痛がきてお産になるから、そんな時に応用するといいですねと、松本先生は述べています。

アンパンマンの作者、やなせたかしさんの『ぼくの生き方』という詩の中に「ひとは何のためにうまれたか　ひとはひとをよろこばせるために生まれた…人の最大のよろこびはひとをよろこばせること」というのがあります。歌の上手な人は歌を歌って、お料理の得意な人はお料理でという具合にみな自分の得意技で誰かの笑顔を見たいんです。その笑顔が返ってくるとまたがんばろうという気になるじゃありませんか。赤ちゃんはエンゼルスマイルという最高の笑顔でみんなを明るい気持ちにさせてくれます。自分は何にもできないという人、大丈夫ですよ。耳がふたつで口ひとつ、しゃべるより二倍聞きなさいということですね。「あなたの気持ち、わかるよ」と聞いてあげるだけで人は元気になります。

2 生活習慣病も予防できる

●ガンは生活習慣病

生活習慣病―ちょっと前までは成人病といわれていました。小児成人病というへんな言葉もあったくらいです。その生活習慣病ですが、具体的に病名をあげてごらんなさい。糖尿病、高血圧、心筋梗塞、高脂血症、脳卒中という答えがでますね。でも、一番の代表が意外と出ないのです。「それはガンです」というと、みなさんは「エッ」と言われます。そうなんです。ガンだって生活習慣病なんです。原因があります。最新の免疫学からいえば、ガンはあなたが自分で作った病気ですよ。無理がたたってなった、働きすぎなんです。そして食が問題、どうして日本にいて欧米のものを食べなきゃいけないのですか?

でも、一番は心の持ち方です。これが半分。ガンの原因の割合を数字で表わせば、ライフスタイルが二割、食が三割、そして心の持ち方が五割なのです。図6は、もとＮＨＫディレクターで、現在はＮＰＯガンの患者学研究所代表の川竹文夫さんがまとめたものです。彼自身、職場でがんばりすぎて、その結果、見事にガンになって片方の腎臓を手術して取る羽目になりました。その時はまだ、なぜ自分がガンになったかわかっていませんでした。でも、玄米を中心とした食事に変え、無理をしないライフスタイルに変えました。そして、原因を改めるとガンだってよくなるよ、ということを全国の方々に伝えるのが自分の役目だという新たな生きがいを見つけました。それを実践して心の持ち方を変えたら、進行ガンであったのになんと手術してから一五年以上も再発することなく生きることができているのです。

彼だけではありません。二〇〇三年四月に東京都調布市で開かれた「第一回千百人集会」には、末期ガン・進行ガンから治った方が一二四名、治

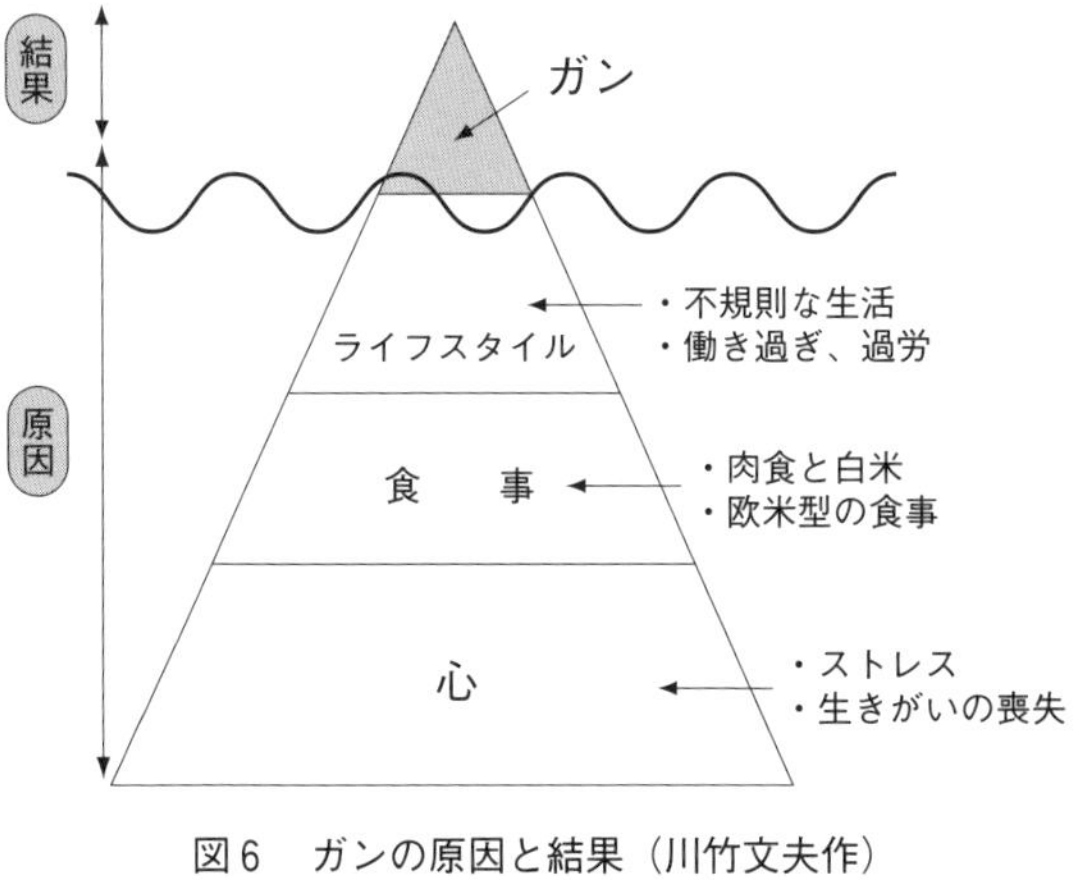

図６　ガンの原因と結果（川竹文夫作）

したいガン闘病者が一二〇〇名集まり、医者からダメといわれても元気で社会復帰してる方が一堂に会し、その体験を伝えた世界で初めての集会として、ガン治療に大きな一石を投じました。一人、二人ではないんです。一〇〇名を超える方々がすることをすればこんなによくなる、病院や薬にたよるだけではなく、自分でもできることがあるでしょというわけです。このイベントについては、本書の「8　ガンは治る、末期のガンも治る」（八八ページ）の章でそこにでてきたスゴイ人たちのことをたくさん紹介します。このことは前述したリウマチが落語でよくなった吉野先生の実験で述べたとおり、薬だけでなく心の持ち方が薬と同じくらい大事だよということです。それ次第では薬の効果も倍増するのです。そんな前向き、プラス思考、そんな気持ちの代表が「笑い」ということでもあるのです。それにはいままでの常識、まじめな考え方を再検討して、あらためて「非まじめ」な考え方を身につけることが楽しい人生にする方法です。

北海道大学の小田博志准教授は、ドイツのハイデルベルク大学医学部で「ガンの自然退縮」の質的研究というテーマで博士号をもらった方です。ガンが自然に治ったという医学的にも間違いない一二症例（胃ガン・乳ガン・皮膚ガン・腎臓ガン・悪性リンパ腫など）は、医学的な治療をまったく受けなかった、または医学的にガンが治るとは考えられないような自然療法（代替療法）を受けただけという患者さんたちです。小田先生によれば三つのタイプがあるそうです。Aは、代替療法の応援を受けて自分の中の防衛力を高めるという方法をとりました。医師が首をかしげるような、たとえばある人はパンを四〇〇〇個食べると治るとか、大好物を治るまでは一切口にしないと決めて実行した人などです。

Bは、医師に見放されるという深刻な状態で神の存在を信じ、神への信仰、恩寵に導かれて危機を乗り越えたと感じている方々です。すべては神の御心のままに、助かるものは助かる、そうでないものは死ぬと考えていました。

Cのグループは、なぜ自分がガンになったのかを自分に問い、自分がこの病気を作ったことに気付いて自分を変えていった方々です。小田先生はこの人生最大の危機という体験をとおしてどれくらい人間的に成長したかが大切、これは自分を成長させるためのハードルと考える方々が自然退縮には数多くみられると述べています。これはガンの患者学研究所の川竹文夫代表のいうウエラー・ザン・ウエル、治った今のほうがガンになる前よりももっとゆたかないい人生だという言葉にもつながります。

●予防医療としての「笑い」

これだけの笑いの効用が明らかになるにつれて、厚生労働省も予防医療＝病気になりにくいからだにしていこうという考え方に方針を変換しました。というのは、現在の医療費が二八・三兆円という膨大な費用なのに、もっと高齢化がすすむ二〇二五年には倍の五六兆円になるという試算まであるからです。二〇〇六年四月からは、介護予防という方向にもっていこうという改正もおこないました。それで、高齢者の筋肉トレーニングなどを市町村の健康福祉課が指導するようになったわけです。そして全国で八カ所、生活習慣病予防モデル事業というのを三年間おこなったのですが、数字のうえで明らかな効果が思ったほど出てきませんでした。それに、自分の意思で申し込んだにもかかわらず途中から来なくなった方が四人に一人もいることがわかり、病気予防というものについては意欲の継続がむずかしいという結果になったのです。

筑波大学の指導で、新潟県見附市では中途脱落者を減らすには利便性と達成感をこれに加えることにしました。身近なところ、たとえば公民館の講座の空き時間に体操教室をいれるなどの工夫をして、気軽に参加できるようにしました。もうひとつは、電気メーカーと組んで万歩計のような器具をつけてもらい、トレーニングによる運動量や体脂肪率の変化が一目でわかり、毎回その結果が自分でもわかるので楽しみという人も増えました。それで、脱落者を一割程度に抑えることができたという成果を得られました。確かに、健康に対する意識は高まったものの、なかなか行動にはつながりません。

これに対して、起死回生の妙薬をとりいれ、数字の上でもダントツの成果を出したところがあります。その妙薬こそ「笑い」だったのです。大阪府大東市は、この一〇年間で医療費が四割も増加し、地元の大阪産業大学と組んでその改善に取り組んできました。プロジェクトリーダーの大槻伸吾教授は、単なる体操ではなく「笑い体操」というのを考えました。まじめに体操をやるのではなく、インストラクターが冗談をまじえながらおこなう、「笑い体操」をするようにしました。笑いの効果が科学的にわかってきたことで、国から一億六〇〇〇万円の予算もつきました。その結果、七〇歳以上の医療費が、一カ月で七二九〇円から六一五二円と一三％も減少し、通院日数も八％減少したのです。そして、参加者は現在でも減るどころかこの半年で倍増しました。

もうおわかりですね。今までリハビリとか筋トレとかいっても、なかなか続かなかった。ダイエットもそうですね、その原因は楽しくなかったからなのです。だって、そのメニューを作った人がしかめつらをしながら、ねじり鉢巻で必死の思いでは、やるほうも疲れてしまうのです。苦行ではなく、楽しみながらやると続くのです。そのときに脳内モルヒネが出てやめられない、とまらないという状況ができると、脳内モルヒネが前述のＮＫ細胞を活性化させるのです。

納得でしょう。ダイエットのためのスポーツも、三〇種類のスポーツをそれぞれイメージしてそのまねをするのも楽しいでしょう。今、全国津々浦々まではやってるのがなんと

「フラダンス」です。ハワイの衣装をつけてゆったり踊る、足の不自由な方は手だけで踊ることもできます。ヨガも従来のような動物のポーズをするものではなく、もっと笑える仕草やミュージックを取り入れたところでは会員が増え継続者も増加しています。人が行動する動機は何か、それは楽しいということなのです。笑いのあるところには人がくり返し集まります。そして、それが健康増進、病気予防にもつながることがはっきり証明されたのです。

この一年振り返ってあなたは「生きていてよかった」という楽しい思い出をどれくらい作りましたか？　お子さんの卒園式の時の「思い出のアルバム」という歌を聞いたでしょう。いつのことだか思い出してごらん　あんなことこんなこと…誰だって思い出なしでは生きていけない。思い出だけでも生きていけない。でもその思い出は自分で作らないと、誰も作ってはくれないのです。私の友人の里みちこさんの「心の旅」という詩を紹介しましょう。「かつて　上をめざしてらせん階段を昇りました　キリのない上昇の旅に疲れてこわごわ降りてきました　そのあと前をめざして回転ドアを押し続けました　キリキリ舞いして前進の旅をやめたとき　やっと出口が見つかりました　そしていま少しずつこころの井戸を掘りはじめました　ギリギリの選択の旅です　鈍行列車の出発です」この詩を読んでモーレツ社員をやめた方もいます。ちょっと立ち止まってみてくださいね。

3　あなたは何で死ぬつもりですか？

●還暦前に人生の店じまいを

人生八〇年。長くなったといいますが、みなさんはまだまだ自分は人生の上り坂だと思いますか？　どちらかというと、下り坂のほうが長くなったと思いませんか？　だったら、五〇歳または還暦になったら、そろそろ人生の店じまいを考えたほうがいいのです。社会的に高く飛びすぎた人はしばしば着陸に失敗して激突してしまいます。最初から低空飛行の方々は、案外軟着陸するんですね。生まれてきた以上、いつかは終わりが来る、そんなことは誰もが承知しています。日本語には不思議な言葉があります。「こんなに楽しかったらいつ死んでもいい」（生きててよかったという言い方のほうがもっといい）というんです。反対に「死にたくない」と言ってる時は、まだ十分やりたいことをやらなかったから悔しいという思いなんです。いつか終わりがくることはわかっているはずなのに、それをやらなかったわけです。だから仕方ないですね。

人生はすべて自己選択・自己決定、そのうえで自己責任です。自分で選んで自分で決める、その結果が今なんです。チャンスは平等、でも結果は不平等です。終わりの日はそんなに早くないだろうと勝手に思っているだけです。私もそうでした。五〇歳になる直前、高校を卒業して三〇年目の同窓会に行ったら、二〇〇人が卒業して八人死んでいました。それも四人は医者でした。私の四〇代は月に半分、病院に寝泊りしていましたから、五人目は自分の番とその時に思いました。五〇代はもう今と同じ生活はできないと思いました。

そして二〇〇五年に四〇周年の同窓会をやりました。それまでの一〇年間の最初の九年は最近、同期の訃報がなくてよかったなと、あの三〇周年のときの思いを忘れかけていました。ところが最後の一年に一気に五人の同期生の急逝の知らせが届き、改めて還暦前の厄年、前厄という言葉を思い知らされました。我々、産婦人科領域では「妊娠は忘れた頃にやってくる」といいますが、人生のピリオドも今日は人の身、明日はわが身、すぐ近くなんだということを再認識しました。二〇〇七年問題、いわゆる団塊の世代が一度に大量定年となり、ほんとに「これからというときに…」という話です。

みなさん、何歳ぐらいで自分の人生にサヨナラしたいと思っていますか。亡くなった時に、「ちょっと早すぎましたね」という話をされるぐらいがちょうどいい死に時で、家族に「これでやっと肩の荷がおりましたね」と言われたら少し生きすぎかも知れません。だったら還暦前後になると、そろそろ人生の店じまいというのを考えたほうがいいと思います。では、具体的にどういう形で死にたいですか。畳の上で、家族に看取られて、できたらボケないで、と希望される方が多いですね。

●ガンとの平和共存は可能だ

死因で見ますと一番人気がないのはガン、一番人気は心臓病です。心臓病は確かにコロッといくから本人は楽でいいです。でも、いつどこで起きるかわからない。トイレや風呂の中だったり、それに突然死という形をとるものだから、残された者は「ごめんなさい」や「ありがとう」を言う機会もない。一生懸命看病するチャンスもありません。だから、遺族が非常に残念な思いをするのが突然死です。次が脳卒中。倒れているのを発見され、あわてて救急車を呼んで病院に行く。これがいけない。すると中途半端に助かってしまう。半身不随で寝たきりで数年ということになるわけです。それ以外の方はガンになります。今二人に一人がガンになって、三人に一人がガンで亡くなる。風邪と同じぐらいありふれた病気になりました。高齢者の病気の三分の一はガン、六分の一は心臓病、六分の一は脳卒中です。

ガンになりますと、すぐに死ぬわけではありませんから、まず友だち・家族がみんな同情してくれます。九五%は痛みもとれます。残された時間もそこそこあります。そう悪くはないでしょう。さらに交通事故、自殺。この五つで日本人の死因の七割を占めています。畳の上での大往生はわずか五〇人に一人です。それぐらいむずかしいことなのです。

老衰の方を解剖させていただくと、七~八割にガンが見つかります。つまり、おできはヘンにいじらなければ平和共存できるということです。たとえば、あなたが九〇歳で、なにも症状がなくて検診にいったらガンが見つかった、そのときあなたは手術しますか?

大半の方はその選択をしないと思います。事実、故昭和天皇も手術をするとき、医師団は口にはだしませんでしたが、手術後に一番おそれたことがあるのです。それは一〇日も寝たきりが続くと認知症になるのでは…という心配でした。悪いところが除去されても新たなもっと深刻な問題が起こることもあるということです。

ですから少し見方を変えると、この五つの死因の中でガンはそう悪くないということになりませんか。そもそもガンという病名は、語感が悪いと思いませんか。ガンではなく「ポン」だったらどうでしょう。「何で死んだの?」「ポンだった」。国立ポン研究所とか肝臓ポンと言うと、あまりこわい感じがしませんね。また、どうしてガンだけ「告知」という言葉を使うのでしょうか。告知という言葉を使うのは　他にはただひとつ受胎告知だけです。これはマリアさまに「お前は懐妊中の身である。文句言うなよ」という言葉です。つまり反論を許さないというニュアンスなんです。それをガンに使っているのです。他の病気で「告知」と言いますか？　「病院で医者から痔を告知された」なんて言わないでしょう。反論を許さない、それが告知、だからお上からの死刑宣告のように受け取ってしまい、「恐れ入りました、は、ははー…」となってしまうのです。戦おうという気持ちがそがれてしまいます。何をやってもダメ、あきらめろといわれたようになるのです。でも進行ガン、転移のあるガンから生還した方はたくさんいます。ひとりふたりではありません。それを知ってるかどうかで、ガンという病気にはなっても気持ちまで病人にならないですむのです。

●今を生きる、それがプレゼントの意味

英語でプレゼントという言葉があります。二つの意味があり、一つは贈り物、もう一つは今、現在という意味があります。神様はすべての人に今現在、生きているという時間をプレゼントしている、そう解釈できるわけです。親鸞上人もおっしゃいました。「明日ありと思う心のあだ桜　今に嵐の吹かぬものかは」。明日はお花見に行こうと思っていた。夜の間に嵐が来て全部散ってしまった。確かなのは今だけだよ、と。みんな死なないつも

りで生きているわけです。でも、確かなのは今だけ。過去という字は「過ぎ去ったもの」と書きます。未来という字は「未だ来たらず」。そして、現在という字は「現に在る」、それがプレゼントです。

今グルメがはやっていて、この店のシェフはフランスで一〇年修業したとか、三ツ星だとか言いますが、結局のところ、味は何で決まると思いますか。だれと食べるか、だれと飲むかではありませんか。どんなにおいしいお酒でも、相手が悪かったら二日酔いがひどいだけでしょう。「鯛も一人じゃうまからず」なのです。ガンの患者さんで、残された時間があとわずかとわかったら、どんなふうに生きますか。この世の中で何が一番ストレスになるか。いろいろありますが、やはり人間関係でしょう。残されたわずかな時間、自分のまわりにいる人とどうやって過ごすか。そう考えたら答えはものすごく簡単です。自分のまわりにいる人を二つに分けてみてください。どんなふうに分けるか。からだにいい人とからだに悪い人の二つしかありません。からだに悪い人は一緒にいて疲れる人。からだにいい人は一緒にいて元気が出る人。残された時間があとわずかなら、からだに悪い人と無理して付き合いたいと思いますか。いやですね。できるだけからだにいい人と楽しい思い出をいっぱい作って、「じゃあね」と言って死んでいく。これしかないと思いませんか。

とてもいい銀行にあなたの口座があって、毎日八万六四〇〇円振り込んでくれます。当然それを使ってあなたは好きなことをやります。夕方に一万円残ったとしても、次の日に持ち越すことはできません。その日のうちにゼロになってしまいます。でも、次の日にはまた八万六四〇〇円振り込んでくれます。この八万六四〇〇という数字は何のことだと思いますか？　一日二四時間を秒に直してください。八万六四〇〇秒です。でも一人ひとり重さがちがいますね。こんなふうにたとえてみましょう。受験に失敗した子にとって、一年の重さがわかる。早産して九カ月で赤ちゃんを産んだお母さんにとって、最後の一カ月がどんなに大事だったかわかる。一分の差で電車に乗り遅れた。一秒の差で事故に遭わずにすんだ。〇・一秒の差で金メダルを取り損なった。それぞれ、重さがちがいます。それがプレゼントです。

それをはっきり教えてもらったのが、今から八年前、ガン患者と一緒に行ったヨーロッパ大陸の最高峰モンブランでした。一九八七年、七人のガン患者が標高四八〇七メートルのモンブランをめざしました。世界中がびっくりして、一〇人の山岳警備隊がついて、みんな無事に帰ってきました。そして一九九七年、今度はガン闘病者・ガンファイター一五人です。最高齢は八四歳。それまでは家に閉じこもり気味の暗い老人でした。息子のお嫁さんは看護師さん。生きがい療法に関心をもっていて、おばあちゃんをこの「拉致監禁コース」に参加させました。そのおばあちゃんは、すばらしい天気に恵まれ、最高の体験をして、日本に帰ってきて、とても体調がよくなりました。昨年九〇歳を迎えましたが、まったく死にそうにありません。ガンはあるのですが、進行しません。「私がもし元気だったら、モンブランのような遠い所には行かなかった。モンブランに行って、みんなと知り合いになって、私の人生は変わった。ガンになったおかげです」と。

●「非まじめ」な生き方を

だからガンもそう悪くないというのはそういう意味です。「病気になったら病気を治すな。己れを治せ」という言葉があります。「あなた、そんな生活をしていていいのですか。もう一回考え直したら」。それを教えてくれるメッセージです。どんなものにも意味があります。病気やガンは、必ずしも人生の失敗、マイナスではなく、受け止め方の問題だと思いませんか。たとえば、雨が降ったら、弁当屋さんは「アー、弁当が売れない」。傘屋は「バンザイ」。雨は何の関係もありません。二〇〇五年の末まで六年間、毎週火曜日の夜にNHKテレビで「プロジェクトX」という番組をやっていましたね。あれをプロジェクト×(ペケ)と言った人がいますが、よく考えたらペケの話でしょう。失敗をし、そのくり返しの先に成功があるという話なのですから。

一生懸命やるという点では、成功も失敗も同じことです。成功の本当の反対は何か。何もしないことです。何もしなかったら失敗しません。でも成功もないでしょう。若いお母さんの中には「うちの子どもは大事な一粒種、絶対に失敗なんかさせたくない」と言う人がいます。その子は、たぶん成功することもないでしょう。失敗はマイナスに考えなくてもいい。失敗して、こうしたらこうなるという体験を身につけたわけですから、むしろ財産というべきです。成功した人というのは、成功するまでに失敗をくり返した人です。まじめだから白か黒か、本当かウソか、幸せか不幸か、どっちかで考えて悩んでいるのでしょう。ガンになってよかったという「非まじめ」な考え方もあるということを、「まじめ」なみなさんにお伝えしたいのです。

どうして日本人はこんなにまじめになったのでしょうか。私もご飯を食べながら一生懸命考えました。わかりました。このご飯がいけないと。もし日本人が狩猟民族だったら、今日は大きな獲物が獲れたからとお祭りをして、明日のことなど何も考えなかったでしょう。でも、お米を作るためには苗代、田植え、田の草取り…、今まじめに頑張ったらいつかいい日が来る、だからがんばろう、と。そして、高校の時は大学の準備、大学の時は就職の準備、入社後は昇進の準備、またその先と、いつも準備々々で、一番最後はお墓の準備で、葬式の時に必ず「これからという時に」と言われて人生が終わります。みんな明日が来ると勝手に思っているだけです。

確かなのは今だけ。過去は過ぎ去ったもの、未来は未だ来たらず、現在は現に在る、それがプレゼント。考えてみてごらん、みんなこの地球という島に島流しにあった死刑囚のようなものです。終わりが来るまで修行しないといけない。だったら楽しんで修行したらいかがですか。会社も学校も結果を求めますが、人生は結果ではなくて、どんなふうに生きたかという生き方のコンクールだと思いませんか。

●死なないことはつらいこと

人間にとって最大の刑罰は何か、それは死なないということです。人間、死なななかったら何をしでかすかわかりません。多くの科学者がどうしたら死なないですむかという研究を続けていますが、いまだに不可能です。アメリカには、今の時代では治らないといわれた病気の人が、未来の世界ではきっと治る薬ができる、それなのに死ぬなんて残念ということで、冬眠状態にしてその夢の新薬ができるまで待ってる冷凍人間もいるという話もあるくらいです。

神様がひとつだけ望みをかなえてやろう、何がいい？　と聞いたので「長生きしたい」といった人がいました。神様は「そんなことはお安い御用だ、二〇〇年くらいでどうだ」と言いますと、その男は「うれしい、そんなにいただけるなんてハッピー」と、小踊りしてよろこびました。

月日が流れ、八〇歳をすぎる頃から次々と親しい友人たちが亡くなり、そのたびに香典をとられ、弔辞を読む羽目になる日々が続きます、一二〇歳になったとき、とうとう九〇歳の息子が亡くなりました。世間では天寿を全うして大往生でしたといわれましたが、親が子どもの死を看取るなんてこんな不幸はない、逆縁だとすっかり落ちこみました。二〇歳も若いお嫁さんでうらやましいといわれたのは九〇年も昔のこと、今ではどっちが年上かわからない状態になりました。そのうち知り合いがみんな旅立ってしまい、昔話のできる相手は誰もいなくなりました。さびしくて、さびしくて、神様にもう一度お願いすることにしました。「そろそろ死にたいのだけど…」、すると神様が怒って言いました。「お前は六〇年前に自分で頼んだことを忘れたのか、長生きしたいといっただろう。そんないいかげんなヤツは罰としてあと八〇年くらい生きとけ」と。

死は最大の教育、終わりがあるからいいのです。どんないい話も、今日はここまでといって終わりがあるからいいのです。花火だって消えるからいいんでしょう。夏の花火大会の花火がいつまでも消えなかったらどうなります？　「首が痛い、なんとかしろ」とどなる人がきっとでてきます。

●「ウサギとカメ」の話のつづき

小林正観さんがウサギとカメの話の続きを作りました。

月曜日にウサギは昼寝をして負けた。悔しい。火曜日にもう一度しようと、今度は昼寝をせずにゴールして、夕方にゴールしたカメに言いました。「お前、悔しくないか」「悔しくない。自分の記録をきのうより三〇分縮めたから」。ウサギはショックでした。水曜日、ウサギはもっとスピードアップして一時間縮めました。木曜日、ウサギがスタートラインに立つと、カメはいっぱい友だちを連れてきました。ウサギは先に行って一人ぼっち。カメはみんなと楽しくおしゃべりしながら夕方にゴールしました。金曜日、ウサギもいっぱい友だちを連れてきて、カメもいっぱい友だちを連れてきて、スタートして、途中の峠に差しかかった時に期せずして両方は言いました。「行き着く先が一緒だったら、花を愛でたり、歌を歌ったり、のんびり歩くスローライフで行こうよ」。

それもまたいい人生と思いませんか。そのためにはみんなちがっていていいのです。みんな役目があります。受け止め方の問題です。三〇人のクラスで、二九番の人にとっては三〇番の人がとても大事です。この人が転校でもしていなくなったら自分がビリになりますから、やっぱりいてもらわなきゃいけないのです。一九八七年、モンブラン登頂の時にお世話になった一〇人の山岳警備隊に一〇年後、招待状を出したら三人の方が亡くなっていたのです。一緒に参加したガン闘病者のうち、亡くなったのは二人でした。だれだって死なないつもりで生きているだけです。歳だから、ガンだから先に行く。そんなことはありません。新聞の訃報欄を見ても六〇代、七〇代、八〇代、九〇代、まんべんなく出てきます。歳の順は関係ありません。ということは五〇歳をすぎて、自分のお役目が終わったらお迎えが来る。それだけのことです。みなさんまだこうやって元気で生きているということは、未だに修行が足りないということです。

●人生とは楽しみながら修行する場

一言つけ加えておきますが、モンブランという山はガンにならないと行けない所ではありませんからね。元気だったらだれでも行ける所です。そういう話があったらぜひ行くことです。行った者勝ちです。そのうち、いつかは絶対に来ません。確かなのは今だけです。八〇歳からでも変わる人は変わります。人生八〇年、あっという間に終わりが来ます。「ウロウロ三〇、キョロキョロ四〇、中年老いやすくガクガクになりやすい」。

人生が終わった時に、神様の前で聞かれます、「どうでしたか、あなたの人生はいい人生でしたか」と。その時に「とてもいい人生でした。ありがとう」と言えますか。「どうして自分だけが」と愚痴ばかり言って、気がついたら終わりという人もいるのではありませんか。神様はきっと言います。「あなたには十分な体力、能力、困った時にちょうどいい人に出会えるように人生をセットしといたよ。それに気がついてうまく利用しましたか」。八〇歳からでも大丈夫です。人生、やり直しはできないけれど、何度でも出直し、仕切り直しができます。それをガン患者のみなさんから教わった気がします。

三年ほど前に、伊勢青少年研修センターの中山靖雄所長（六六歳）のお話を聞きました。この方は二回脳卒中をされ、二回目の再発のときは本人もこれで終わりと思うほど重篤な状態でした。でもかろうじて助かりましたが、失明という後遺症が残りました。そのリハビリの後の最初の講演でのお話です。二回目はあの世の入り口まで行ったら神様の声が聞こえてきて、「お前はこの世で何をしてきた？」と聞かれたら、胸をはって「青少年の教育をしてきました」と答えようと思ったそうです。でもそんなことは一言も聞かれなかった。いったい何を聞かれたと思いますか？「あなたは人生を楽しんできましたか？」と聞かれて答えることができなかったそうです。

するともっと大きな声がして、「もっと人生を楽しみなさい」といわれて、この世に出戻りになったということでした。人生とは、楽しみながら修行する場なのかもしれませんね。

4 自分で決めるさよならのかたち

●死の美学

「ものには潮時、天のとき」という言葉があります。「生まれては死ぬるなりけりおしなべて釈迦もだるまもネコもしゃくしも」という一休禅師の句にもあるように、誰にも終わりが来ます。平均寿命世界一の日本でも人間の死亡率は一〇〇%です。でも、誰だってそのお迎えが今日、明日というごく近い将来に来るなんて思っていない、死なないつもりで生きてるだけなんです。「二階の女が木にかかる」というように覚えた「櫻」という字ですが、咲く時期が決まっています。そして散り時を知っています。人生の幕を引く時期が誰にでも来ます。「進むは他が決め退くは自ら決する」という言葉がありますが、「まだいるの？」と言われながらもいつまでも居座ってたり、最後に法にふれるようなことに巻き込まれて晩節を汚すという例も新聞によく載っています。「引くのは惜しまれるうちが華」

と言います。そろそろやめろといわれてやめるのではなく、自分で決断するのが「男の美学」、死語かもしれませんがこれを自分の中に持つことが大事だと思います。

「女の美学」というのもあります。あなたはあなたの人生の中で主演女優をやっているという意識です。いつも人に見られているという適度なストレス、これはスパイスです。これを自覚しているかどうかということですね。このモノサシがあれば車内で化粧などという行為は絶対できません。それを男も女も身につけることが大事だと思います。国によって子どものしつけのときにいう言葉がこの美学をよくあらわしています。英国では男の子に「君は小さな紳士だよね」、女の子には「レディーでしょ！」、米国では「ヒーローはこんなことしないよね」という言い方があります。さて日本ではいかが？　明治以前にはありました。「武士の子として恥ずかしいと思わないの？」とか「あなた、武士の娘でしょ！」という言い方は自分の中に美学のモノサシを育てる言葉でもあったと思います。もう一度この美学をとりもどしたいですね。そういえば「躾」という漢字だって身を美しくと書くではありませんか。これが日本人の美学だと思います。

人生の終わりを迎える前に、老人ホームで過ごすことがあるかもしれませんので、先日そこでかわいがられる方法を寮母さんに教わりましたので伝えておきます。それはふたつだけで、まずひとつはいつもニコニコして素直なおじいちゃん、おばあちゃんであること。

もうひとつは体重が軽いという、このふたつだけが大事であとはなんの関係もないということでしたので覚えておいてくださいね。

●「親守り歌」コンクール

私の友人で『ひかりのくに』という子どもの本の二代目編集長だった、もり・けんさんはいつもモンゴルに一緒にいく仲間です。二〇〇六年はモンゴルのジンギス・ハーンが即位して八〇〇年という年にあたるので、国をあげてのお祭りが行われます。数年前に、干ばつや雪害で財産である羊が三〇〇〇万頭も死んでしまいました。遊牧の人々は暮らしにこまり、子どもを売るという家族もありました。終戦直後の日本と同じで、国立孤児院まであります。日本円は一〇倍の価値があるので日本の一〇〇〇円は一万円の値打ちがある。それだけで子ども一人が一カ月は生きていけるという貨幣価値です。モンゴルの子どもたちの顔はまさに昭和二〇年代の我々の顔、鼻を垂らして、それでいて目が輝いています。

我々のルーツ、モンゴルの子どもたちを応援したいということで、ハーモニカの名手、もり・けんさん（五五歳）と私（五九歳）のアコーデオン、そして世界口笛音楽コンクールで第二位になったもく・まさあきさん（六四歳）の三人で今、日本で消えかかっている童謡・唱歌をもう一度復活させて感性を育てようと、一月から一二月までの二四の名曲（雪・ひなまつり・おぼろ月夜・こいのぼり・里の秋など）を収録した『12kagetsu』*というCDを作りました。それで、二〇〇六年は三人で全国ライブをしていますが、五月二〇日には出雲大社の奉納ライブもやりました。

歌詞カードがついていますからメロディーを聞くと、これはおばあちゃんが歌ってくれた、これはお母さんが好きだった、というような思い出にもつながります。回想療法ですね。バックグラウンド・ミュージックとして、保育園や老人ホームでも流してくれています。そんな活動をしているもり・けんさんは、『親守り歌』というのを考えました。人生の初めと終わりは似ています。子どもの時はおむつをつけて子守歌を歌ってもらった。人生の終わりにはおむつをつけて、お母さんと一緒にこんなことしたよねという歌詞にメロディーをつけて歌ってあげるのです。それがすばらしいということで、奈良県大和郡山市で毎年五月に親守り歌のコンクールをやっています。お父さんやお母さんの思い出の詩を募集して、それに曲をつけて発表するのです。今年で四回目です。すてきだと思いませんか。

●エンディングノート

最近は、死を縁起でもないといって忌み嫌う風潮は減ってきました。『葉っぱのフレディ』という絵本がブームになって、聖路加国際病院の日野原重明名誉院長はそのミュージ

＊入手先　FAX06-6460-8158（定価 2000 円）

カルまで作りました。葉っぱが秋になって枯れて落ちるのは自然なことなんだということが、子どもだけでなく大人の心にも響く名作になっています。

またエンディングノートといって、自分の生きてきた過去をふりかえり、万一の時には誰に知らせてほしいか、葬式はどんな形で、遺品は、お墓はと身辺整理をするための本が売れています。これには思わぬ効用がありました。ある六〇代の主婦は認知症になった母を介護していて、まだしっかりしているうちに自分の人生の最後のステージを自分で決めなきゃいけないということに気が付いて、このノートを見ながら書いていました。若いときはこんなことがあった、そして恋愛時代、結婚して子育てに追われた四〇代と書いているうちにふと、子どもの時にずっとピアノがやりたかったことを思い出しました。多忙のあまり、その夢を忘れていたことに気がついたのです。それで、さっそく翌月からピアノ教室に通い始め、今ではレッスンがとても楽しみになり、三年後には自宅でピアノ発表会をしたいという夢をうれしそうに語ってくれました。気付いたときが変わるときです。

人生いつだってこれから、そして今からです。思い立ったが吉日というとおりですね。「老化」という言葉も「老華」と言い換えてみたらいかがでしょう！　「更年期」を「リニューアル・オブ・ザ・イヤー」と誤訳した人もいます。どういう風に考えるかで、同じ人生でも受け止め方がちがってきます。

●「あの世」ガイドブック

宮沢賢治の詩『アメニモマケズ　カゼニモマケズ』の中に、「ミナミニ　シニソウナヒトアレバ　イッテコワガラナクテモイイトイヒ」という一説があります。いつお迎えがくるかどうしてわかると思いますか？　島根県隠岐諸島に知夫里島という島がありますが、そこは診療施設がなくて、九八％の方は自宅で亡くなるのです。そこで働いていた柴田久美子さんの話によると　その方が亡くなる一〇日くらい前からその方のよく知ってる故人がその人の前に現れて、その方をつれてあの世へ行ってちょっと予告編みたいに見せてくれるのだそうです。まわりの人には見えないのですが、亡くなる寸前の方にはよく見えていて、「あ、大好きだったおばあちゃんが来てる」というようなことを言うそうです。

そして、あの世とこの世を行ったり来たりして、本当に「こわがらなくてもいいよ」ということを教えているようだといいます。チベットの『死者の書』という本にも同じようなことが書いてあります。枕元で、これから行く世界の話をお坊さんが耳元で語ると、本人は安心した顔をするそうで。まさに、宮沢賢治の詩と一緒ですね。

数年前に、笑い学会で「死を考える」というシンポジウムを開催しました。そのとき、私も参加してこう話しました。

どうしてあの世の話というのはみな怖いのだろう、そうだ初めていくところにはガイドブックがないと心配なのだ、だったら作ればいいんだ。ということで考えました。お彼岸の向こうにもゴサンケイホールというのがあって、今日列席している人の出演者名が書いてあるシンポジウムがあの世でも開かれています。タイトルは「俗世を考える」、私の名前の下に「近日来演」と書いてあります。隣の歌舞伎座では藤山寛美さんが例のアホ役でまだお芝居をやっています。桂枝雀さんも出番が書いてあります。

ホールの隣にはサンドイッチの店があり「オーナーは誰？」と聞くと、ショパンだそうで売り物はジョルジュ・サンド。バックグラウンド・ミュージックは完成交響曲、あの世で未完成ができあがったとか。隣の寿司屋の看板を見たら『ひとつ目小僧寿司』、その隣は『モンスタードーナッツ』でした。お土産もありまして、どこで作ってるんだろうと見たら「メイド・イン・冥土」と書いてあってなんか楽しそう、いっぺん行ってみたいと思いませんか。

もちろん、行くには三途の川を渡らなければなりません。たくさんの亡者が初めての旅ですから、めずらしそうに船べりから川の中をのぞき込んでいます。すると、赤鬼がもっと赤い顔になって注意しています。「アホ！　落ちたら生きるぞ」。その赤鬼が分厚い参考書を片手に勉強しています。おそるおそる聞きました。「鬼さん、鬼さん、そんなとこで勉強してどないしはりまんねん？」、答えてイワク、「お前たちは知らんだろうが、こっちには東大よりむずかしい獄大というのがあってな。受験地獄というのはこっちが本場じゃ！」……。

●祇園精舎って知ってますか？

学生時代に習った平家物語の中にでてくる「祇園精舎」がホスピスだということを知っていましたか？　昔はお寺はいろいろな役目を持っていました。寺子屋というのは、今なら学習塾であり文化センターですね。施薬院、施療院といって病院の役割もありました。でも中には薬石効なく亡くなる方もおられました。そんな手の施しようもない病人を収容したのが祇園精舎で、その方が亡くなると鐘をついてそれが「諸行無常の響きあり」ということだったのです。ああそれなのに、それなのにJRは何を勘違いしたのかステーションホテルの名前をターミナルホテルという名前にしたので外国の方が驚いた。日本ではこういうところで人生を終えるのかという問い合わせがきたのです。ターミナルというのは人生の終末でもあるのですから。それであわてて名前をグランビアとかに変えたということのようです。私のように土曜日曜だけ診療するとこれもまたりっぱな「週末医療」ということになりますが……。

●泣くことも大切

笑うとＮＫ活性が上がるということは、一九九一年の吉本の大実験で証明されました。ＮＫ細胞を元気にする方法は、他にもたくさんあります。図7のように、笑いの反対、泣くのもいいんです。大泣きすると涙の中にストレスホルモンがたくさんでます。これも元東京女子医大教授の出村博先生に実験していただきました。詳細はあらためて述べますが、泣きたいのに泣くなというのはよくありませ

泣きなさい　笑いなさい

1．笑うこと

2．泣くこと

3．人に話を聞いてもらうこと（ホッとライン）

4．お華粧すること

5．楽しく歌うこと♪

つまり、心地いいと思うことが大切

健康法をまとめると、

食・動・息・思

図7　ＮＫ細胞を元気にするには

ん。「僕の胸で泣いていいよ」という相手を探すことです。男の胸が役に立つのはこのときだけです。女性の胸が役に立つのはいろいろありますが……。

「泣きなさい、笑いなさい」という喜納昌吉さんの『花』という歌がありましたね。あのとおりなのです。人間は、泣かなかったら泣けなくなります。笑わなかったら笑えなくなります。人間のからだには使えば発達する、使わなければ退化するという法則があります。感情を押さえ込むのはいちばんよくない。胃腸は心の鏡というとおり、怒りの感情を押さえ込むと「はらわたが煮えくり返る、断腸の思い」という状況がほんとうに起こります。腹腔鏡検査といってお腹の中に鏡をいれて腸の動きを検査する

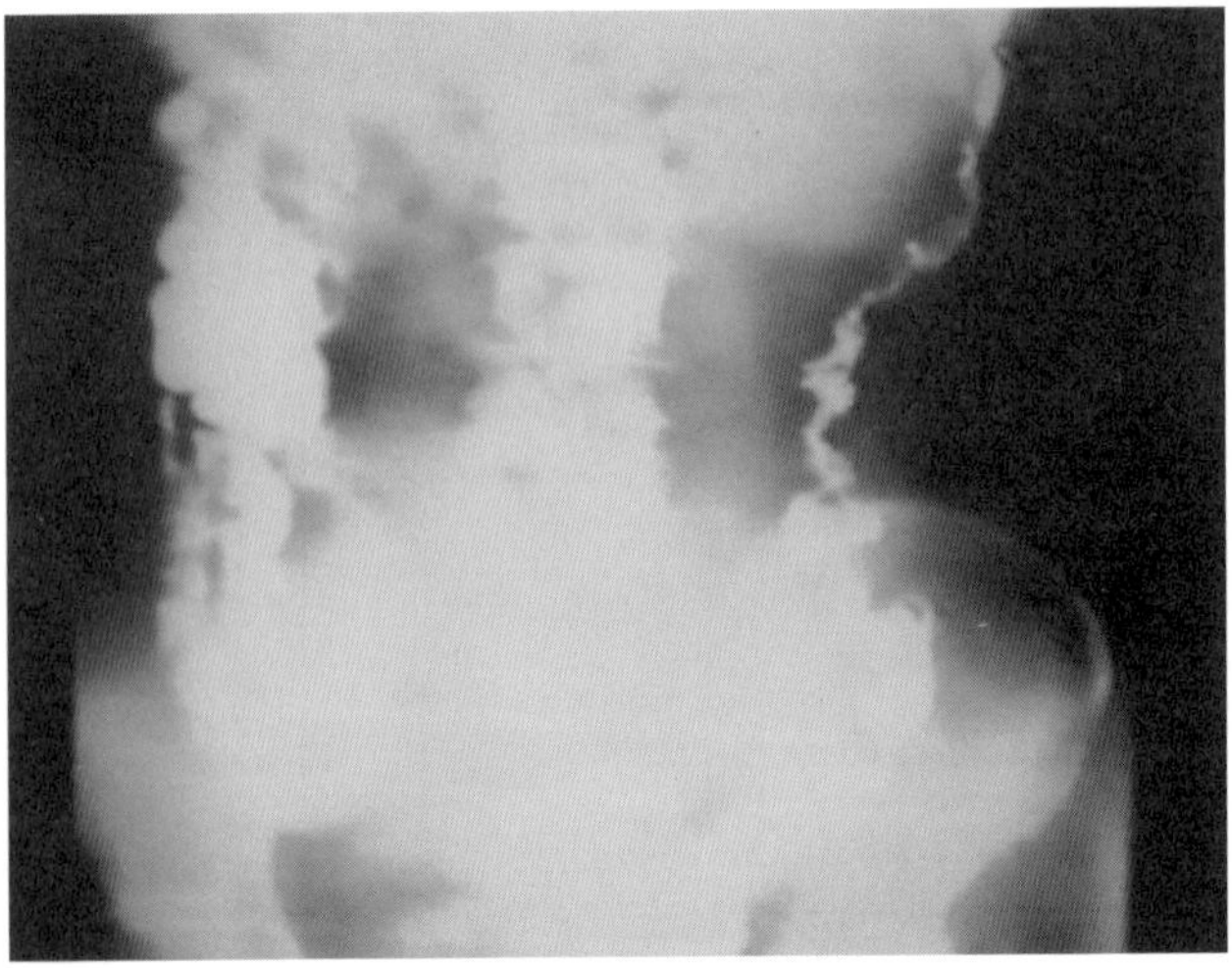

写真４　ストレスのかかった下行結腸（写真右の細くなった大腸）、本来は写真左の上行結腸と同じ太さ！

とき、患者さんにストレスになるようなことを言うとこの状態が実際におこるのです（写真4）。感情をその場で発散するのは女性の得意技、笑ったり泣いたりと喜怒哀楽を素直に表現するのはどちらかというと男性より女性でしょう。だから女性のほうが断然長生きなのかもしれません。

次に女性ならお化粧すること、本来、「化粧」という字は「華粧」と書いたのだそうです。自分がきれいになったという気持ちが免疫力を活性化します。だから最近、老人ホームで積極的に化粧をすることがすすめられています。男性なら、おしゃれをすることです。そして人に話を聞いてもらうこと、これがまたいい。顔をみただけで、声を聞いただけでホッとする人がいるでしょう。それをホッとラインといいます。年上、年下、異性、同性だれでもいいですが、配偶者はホッとラインにはならないようです。夫婦は修行の場というほうがあたっているかもしれません。なぜ修行の場かといいますと、男と女は医学的には同じ人類ではない、異文化交流です。男類、女類と分けるのが実際的かもしれません。それから、みんなで一緒になって歌う、これもNK細胞を元気にします。

●ガンからの生還者たちの教訓

いろいろな健康法があります。たとえばサウナがからだにいいというのでしょう。そこには大事な言葉がひとつぬけています。サウナが好きな人はサウナにはいるとNK細胞は元気になります。でも、嫌いな人ではなりません。つまり、その健康法がその人にとって心地よいと思うかどうかが大きなカギなのです。ですから、万人にあう健康法はありません。養生の仕方は人それぞれということです。また、食についても同じことがいえます。それだけを毎日摂取していれば元気でいられるという便利な食品はありません。

昔から、不老長寿の薬というものを、秦の始皇帝をはじめ多くの権力者たちが捜し求めましたが、それは幻の青い鳥、そんなものはないのです。すべては日々の養生の積み重ね、食・動・息・思（または食・息・動・想）といって四つの観点から考えてみるとよいでしょう。その前にガンの原因を紹介した図6（三五ページ）で、一番下の半分を占める原因、それが心の持ち方、考え方といいました。視点を変えるとちがう見方ができる、そのためには非まじめな発想、それが楽しい人生につながる生き方になるよということなんです。人生八〇年といいますが、あなたはこれを日にちで計算したことがありますか？三六五×八〇でざっと二万九〇〇〇日ですね。もう何日つぶしましたか？　あとどれくらい残っていますか？　私も五九歳ですからもう二万日以上使いました。残りの人生の三分の一は寝ているわけですから、あと三〇〇〇日もないということです。これまでいろいろやってきて、ほんとうに楽しい日は何日ありましたか？　人は人生の終わりのときに、楽しいことしか思い出さないといいます。アルツハイマーの人も認知症の人も楽しいことはちゃんと覚えていますが、楽しいことは誰かが作ってくれるわけではありません。自分で楽しい思い出をいっぱい作って「じゃあね」と言って逝くしかないでしょう。楽しい人生というのは、楽しいことをいっぱいやった人のことです。

ガンから生還した方々から教わりました。そしてガンから生還した方々がいう言葉に「ウエラー・ザン・ウエル」というのがあります。ガンから生還した今のほうが、ガンになる前よりももっと豊かな人生だというのです。あれがあったから今というこの日を充実してすごそうという気持ちになるというのです。

あの方々はカレンダーを日めくりに変え、確かなのは今日一日、明日目が覚めるかどうか誰にもわからない、だから今日も楽しい思い出の一ページを作ろうというのです。ここまで書いて故淀川長治さん、あの映画大好きおじさんのエピソードを思い出しました。あの方は朝起きた時、必ず唱える呪文があります。たとえば、今日が一月一六日とします。するとこう言うのです。「今日は一六日、ひと月に一回の日、一月一六日、一年に一回、今日は二〇〇六年一月一六日、私の人生でたったの一日、だから今日は一日ニコニコしていよう」。しようと思えば誰にでもできる簡単なことです。だからかえってできないのかもしれません。

『あなたが変わる口ぐせの魔術』の著書、医学博士の佐藤富雄先生は自律神経の法則をこのように説明しています。「まず梅干を見てごらんなさい。見ているだけでつばがでてくるでしょう。次に実物の梅干を見ないで、頭の中で梅干のイメージを作ってください。それでもつばが出ますね。ということは、自律神経というのは思ったとおりにはたらく特徴があります」。

太っている人が無意識に食事の時に言っている口ぐせがあります。知っていますか？食事の最後に決まってこう言います。「これを食べると太るのよね」と。多くの人は気がついてないけど、確かに言っているのです。すると、からだはちゃんとそのように反応して太るんです。思いあたるでしょう。「人生、思うようにならないよね」と言う人は見事に思うようになりませんね。ありがとうを口ぐせにしている人は、感謝に満ちた人生になります。口ぐせ、これだって大事な生活習慣です。だったら病気の方は「よくなる、よくなる、きっとよくなる、ぐんぐんよくなる」という言葉を口ぐせにすることです。

●チャンスはピンチの顔をしてやってくる

全身の骨に転移があり、肝臓にも七センチメートルのガンの転移があって、医者から余命三カ月という宣告を受けた名古屋の伊藤勇（一〇六ページ、写真7）さんは、この方法で七年後に見事にガンが全身から消失しました。もちろん食事やライフスタイルも変えました。戒名まで作り、新しい自分に生まれ変わったというイメージをつくったところ、末期のガンが消えたのです。こんな話は医者の世界では、一〇万人にひとりの「ガンの自然退縮」の奇跡という言い方をします。でも、二〇〇三年四月の「第一回千百人集会」では一二四人の方が進行ガンで完治はむずかしいといわれながら見事に生還しているのです。一〇万にひとりなんてそんな稀なものではありません。むしろ五〇〇人にひとりくらい、一〇万人あたりでは二〇〇人くらいいるのではないかと思われます。

食・動・息・思、それぞれをガンになる前とはちがうスタイルに改めると誰にでも治るチャンスはあるということをこの会では教えてくれました。人生最大のピンチを人生最高の贈り物に変えることができる、ガンになったおかげで人生が変わった、ガンよありがとうという言葉をガン患者が自ら言うようになるのです。これは手術、薬物療法で病気を治すのではなく、それまでの生きかたまで変えてしまうという意味では画期的なやり方です。それは、森田療法というノイローゼの治療法をガン治療に応用した実に東洋的な治療法でもあります。この治療法は、世界的に有名なニューヨークのスローン・ケタリングガンセンターでも採用されました。それを最初に考案したのは、もともと精神科医師であった岡山の伊丹仁朗先生です。前述の吉本の実験発案者でもあり、七名のガン患者とモンブラン登頂に成功したプロジェクトの仕掛け人でもあります。それではその経緯を少し紹介しましょう。

●森田療法とガン治療

岡山県の新倉敷駅前ですばるクリニックを開業されている伊丹仁朗先生は、一九七〇年代に神戸でガン患者さんの診療をしていました。当時は今考えれば変な話ですが、患者自身にとって一番大事なこと、つまりガンという病名を本人には決して言わず、本人の意向も確かめないで、「本人のため」として、この重大な病気の治療を家族や担当医だけですすめるということが日本全国でおこなわれていました。ですから、本人はうすうす気づいていても知らないふりをしている。家族も知っていながら最後までウソをついて病名を隠し通すという、お互いウソ芝居をしてる状態でした。医学会でもガン告知の是非について数年間、多くの論議が重ねられ、マスコミもしばしばこれをとりあげて一緒に考えてみようという時代になりました。そして二人に一人がガンになる時代がやってきて、もうこれ以上隠し通せない状況になりました。副作用や患者同士の話で当人は病名をもう知っている、でも家族の手前、本人は知らないふりをしている、そんなケースが大半です。

伊丹先生もそんな疑問をもちながらガン患者の診療にあたるうちに、一九八一年のことですが、直腸ガンの女性に出会いました。この方は、手術執刀医から「ポリープでほっとくとガンになるおそれがあるから手術する」という説明を受けていました。しかし、自分でいろいろ勉強してガンだと直感して、とうとうホントの病名をその医師に言わせたのです。自分から聞き出したにもかかわらず、教えてくれなかったところをみるとかなり進行してもう完治する見込みがないほど重症だったのでは、という不安がどんどんひろがり死の恐怖におびえる状況になって、伊丹先生の外来を訪れたのです。

「私は死ぬのが怖くて怖くて、もうイヤ、考えるのをやめようと思って布団かぶって寝ても、死んだらどうしようという不安がまた襲ってきてどうしようもないのです」と訴える患者さんに、伊丹先生もとっさにこうしてごらんという妙案が出ない状態がしばらく続きました。そこでふとひらめいたことがありました。この苦しみの症状はノイローゼ、それも強迫神経症に似ていることに気がつきました。強迫神経症は、たとえば不潔恐怖といってたえず手を洗わずにはいられない、電車のつりかわなんてバイキンだらけで絶対にさわれないという症状が特徴です。これには世界に誇る日本発の「森田療法」というのがある、これを応用してみたらいいのではないかという画期的なアイデアがひらめいたのです。

この森田正馬《まさたけ》先生は、昭和一ケタの時代に東京慈恵会医科大学で精神科医としてこの治療法を開発された方で、今では世界中で使われています。ベースには東洋の禅の考え方があります。西洋医学の中の精神科の治療はフロイトにはじまる精神分析で、その患者の悩みを、それまでの生育歴や影響をうけた事件などで説明し、そのためにあなたはこういう不安をもつようになったんだよと、原因をつきとめることで不安や恐怖をとりのぞくやり方です。森田先生はそれとはまったくちがう方法を考案したのです。

　森田療法の基本的考え方は、不安・恐怖という感情を自分の意志でコントロールすることはできない。だから、それはそのままにしておいて自分の意志でできること、それは行動。まず今日あなたがしなければいけないことがあるでしょ、その行動をするうちに不安、恐怖といった感情は変わっていくよということなのです。越後の良寛さまがそのことをずいぶん昔に説いてます。

「災難にあうときには災難にあうがよろしかろう　病苦にあうときには病苦にあうがよろしかろう　死ぬ時節には死ぬがよろしく候《そうろう》　これが災難を免れる妙法にて候」。

　まさにこれですね。ある三〇代の卵巣ガンの女性はガン告知を受けてからすっかり落ち込み、うつになってしまいました。寝ても覚めても死んだらどうしようという不安でいてもたってもいられません。そこで森田療法の指導を受けて実行しました。あなたの気持ちはよくわかる、でもそれは自分の意志ではどうしようもないからそれはひとまずおいといて、まず今日あなたが母親としてしなければいけないことがあるでしょう。それをまずやってごらん。学校に行く子どものために弁当を作らなきゃいけないでしょう。掃除も洗濯もある。主婦の仕事をまずやってごらんということでお洗濯です。青空のもとに真っ白なシーツが乾いていくのを見るとき、先ほどまでの死ぬかも知れないといった不安がいつか軽くなり気持ちが晴れ晴れとなるのに気がつくでしょう。

感情は自分の意志では変えられない、変えられるのは行動だけ。行動するとそれにひっぱられて感情は変わるよということです。真ん中がゼロ、左はマイナス、右はプラスというモノサシをイメージしてみてください。不安・恐怖という感情をマイナスとして、楽しいこと、気持ちがワクワクするような行動をしてプラス感情を三〇くらいにもっていくとマイナスのほうは相対的に小さくなりますね。その楽しい行動をしないからマイナス感情だけにおしつぶされてしまうのです。森田療法では、人のためになることを実行するように指導します。人さまのお役に立つということが生きてるという手応えと生きがいを見つけることにもなるからです。薬物療法では、「不安が消失してよかったね」で終わりですが、森田療法を身につけると患者さん自身の生き方が変わるのです。不安に上手に対応する能力が身について、より充実した人生を送れるようになる人がたくさんいます。生き方が変わるとガンについての見方も変わり、ガンとの平和共存ができるようになるのです。大阪には森田療法を勉強する「生活の発見会」という会もあります。この森田療法をガンの治療にまで発展させたのが、伊丹先生の提唱する「ガン患者の生きがい療法」なのです。そしてその延長にモンブラン、富士登山があるのです。

図8に米国の精神科医W・グラッサー博士*が考案したものを紹介します。この車の運転手はあなたです。車の前輪は行為と思考、後輪は感情と生理反応です。後輪だけ動かそうと思ってもすぐにはできません。でも前輪の向きを変えて車が動き出すと後輪はついてきます。前述のガンのお母さんがお洗濯して青空に白いシーツが乾いていくのを見るという行為を選択すると、死ぬかも知れないという不安や恐怖の感情がうすれ、ガンは今の生活を改めなさいよというメッセージであることがわかる（思考）と、それまでの不眠（生理反応）が改善します。つまり思考（見方や考え方）と行為を変えて行動すると、不安や病的症状が軽減し、あなたがハンドルを握って前輪の向きを変えたことであなたの車は今までと違う明るい方向へ走り出すわけです。

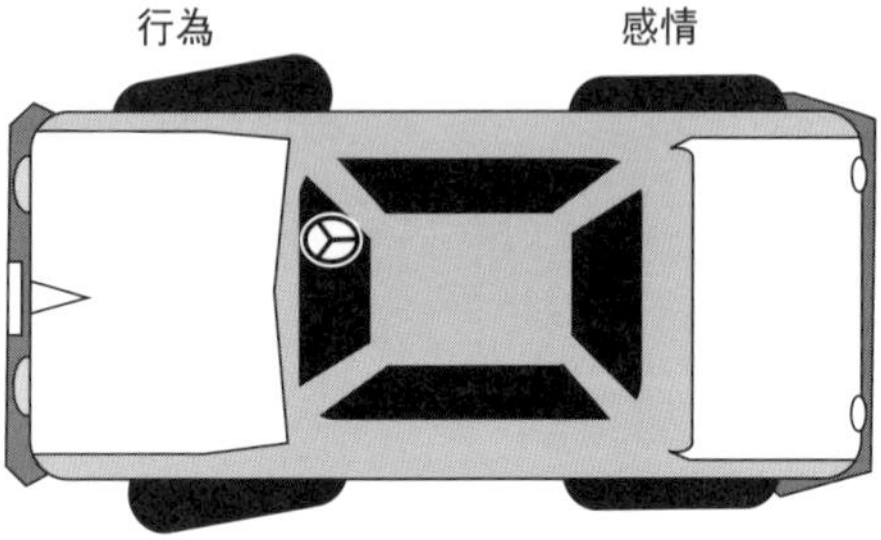

図8　全行動

＊『ウイリアム・グラッサー博士の選択理論』（アチーブメント出版、2000年）より作図

6 非まじめな考え方

●非まじめな昔話

婦人科診療の半分は不妊症の治療です。子どもが生まれて初めて親にしてもらえます。孫が生まれて初めておじいちゃん・おばあちゃんにしてもらえます。できない理由は全部女性というのは昔の話で、今は男性に原因があるケースがものすごく増えてきました。これから一〇年たつと、もっと高齢社会がすすみます。すると、昔ばなしの内容も変わってきます。「昔むかし、あるところに、おじいさんとおばあさんが…」とは言わなくなります。きっと、「昔むかし、い、い、い、いたるところにおじいさんとおばあさんが…」というようになり、九月の敬老の日は「若者の日」というように変わるかもしれません。そういう目で見直してみると『桃太郎』だって『かぐや姫』だって立派な不妊症のお話です。子どもができないまま、おじいさんとおばあさんになったという話ですね。

でもみなさん、本当に赤ちゃんが桃から生まれたと思っているんですか？　あれはまちがいです。いくら昔ばなしでも、子どもたちには医学的に正しく教えなければいけません。赤ちゃんはモモとモモの間から生まれたのです。そして本当は、川上からドンブラコと流れてきたのは桃ではなくて、イモでした。おばあさんの大好物です。全部ふかしておじいさんに内緒で、一人で全部食べた。内緒で食べる、こんな美味しいものはありません。おいしい、おいしいと全部のイモを食べてしまいました。するとお腹が張ってきて、思わず一発ブーッとやってしまいました。おじいさんは、芝をからずにくさ（草）かった……。これが桃太郎の本当のお話です。

『鶴の恩返し』、これだって今からお話するのが本当の鶴の恩返しの話です。夜中にきれいな娘さんになってお礼に来ました。そこまでは話は一緒です。開けてはいけませんと、戸を閉めて何やらガサゴソやっていた。二日、三日、パッタリ音がしなくなった。開けるなと言われたらよけいに開けたくなる。おじいさんは心配になって四日目にガラッと開けた。さぁ大変、中に置いてあった現金、預金通帳、実印などがゴッソリなくなっていました。おばあさん、大変だ。あれはツルじゃなかった。「サギ」だった。

いかがです？　誰でも知っている話をちょっとひねる。これがユーモアの原点です。ユーミンの歌った『恋人はサンタ・クロース』、これもすばらしい解釈があります。世界中の子どもたちにプレゼントを配ることができるサンタさんというのはすごい資産家ですね。そしてご存じの通り、かなりの高齢、そんなお年寄りが短い時間で世界中をまわる、それも真夜中、大変な労働です。深夜労働はなお過酷です。『あわてんぼうのサンタ・クロース』という歌にもあるように、時には煙突から落ちてしたたか腰を打って動けないような事態も発生する。いくら生きがいとはいっても、高齢者にこんなことをさせればそんなに先は長くないと思いませんか。すると、結婚するならサンタにかぎる。後は莫大な遺産を相続できそうという話になるじゃありませんか！

●氷がとけたら……春になる

ほかにも「非まじめ」な話として有名なのが「氷がとけたら何になる？」という話があります。答えはもちろん水です。でも水以外の答え、知りませんか？　これは十数年前の実話です。小学校一年生の女の子が、学校の宿題で氷がとけたら「春になる」と書いたら、学校の先生はペケをしました。こんなにいい答えがなぜまちがいなの？　お母さんは怒って新聞に投書しました。それを読んだ西武デパートの堤清二社長（当時）は、これをすぐ自分の会社で試験問題に使いました。そして「氷がとけたら春になる」と書いた社員を課長に抜擢したという実話があるのです。

誰に聞くかによって答えはいろいろです。魚屋さんは氷がとけたら「魚が腐る」。飲んべえは「水割りが薄くなる」、環境問題をやっている人なら「大洪水になる」。こんなにいろいろな答えが考えられるのに、氷がとけたら水しか考えられないというワン・パターンの思考回路ではこれから先は生きていけませんよということです。ところでワン・パターンの別の言い方がありますが、知っていますか？　「犬の行き倒れ」です。ワン・バターンでしょう。ですから、ことわざなどもよく考えるととんでもない意味だったりすることだってあるんです。「トンビがタカを生む」、よく考えてごらんなさい。これはトンビの不倫ですよ。トンビは本来トンビの子しか生まないのにタカを生んだということは、フリンしかないということでしょう！　いかにみなさんが思いこみで生きているかという証拠です。

●パパは神様？

ときどき仕事がら性教育にいくこともあります。近頃の子どもはおませだからすごくやりにくい。非まじめの発想で性教育と国語の勉強をかねて子どもにはこう教えました。ひと昔前の国語の時間には、先生がこうしてむずかしい漢字を読み解いて教えてくれたものでした。

たとえば、この糸は何色？　「紫」、紫という漢字は此の糸と書くでしょう。戀《こい》という字も子どもにはむずかしい。でもこれを糸しい糸しい心と言うように読み解くといっぺんで覚えることができます。努力という字もそうやって教えます。「努力」という字のなりたちは、女が又に力をいれると書くでしょう。これはお産のことですね。すると子どもたちは納得するのです。大人の男だけの飲み会のときにはこの話の続きをやります。妊娠の終わり、それが女の努力。すると男の努力というのは何かわかるかい？　妊娠のはじめのことさ、女の又に力をいれるというのが男の努力！　失礼しました。

そんな子どもたちに宿題をだしました。どうやって、みなさんの家族は生まれてきたか、家族それぞれに聞いてきなさいというものです。坊やはおじいちゃんに聞きました。「おじいちゃんはどうしてうまれてきたの？」。おじいちゃんは「こうのとりが運んできたんじゃ」と答えました。おばあちゃんに聞くと「橋の下から拾ってきた」と。お母さんは？「キャベツ畑で…」。彼は宿題の作文に書きました。「私の家族は誰ひとりまともに生まれてきた人はいませんでした」。

ある坊やは単刀直入にママに尋ねました。「ママ、どうやって赤ちゃんをつくるの？」突然の質問にママは真っ赤になって「赤ちゃんは神様が作ってくださるものよ」と答えるのが精一杯でした。ふうん、といったんは納得したかのようにみえました。しばらくするとお父さんが帰って来ました。すると、すかさず坊やがママに言いました。「ママ、神様が帰ってきたよ！」。

最近は恋愛結婚が多いですが、お見合いも一〜二割ぐらいあります。ある内気な女の子がいました。小さいときから女だけの兄弟で、十代も女子校に通い、やがて年頃になりました。世話焼きおばさんに連れられてお見合いの席へ。なにせ初めてですから、すっかりあがってしまいまして「ご趣味は？」と聞かれ真っ赤になって「はい、お茶とお華とおことを少々」と答えてしまいました。ホントは「お琴を少々」というつもりだったのですが……。

日本語というのはすごいもので、「お」がつくかつかないかでとても意味が違ってきますね。たとえば、釣りとオツリはちがいますね、にぎりとおにぎりは別ですね。ハジキとおはじきも違うでしょう。ヒヤとお冷や、これも別。鎌とオカマは大変な違い、奈良とオナラは大違いという具合に笑いのネタに変えていきます。動物の数え方は牛は一匹、二匹、トリは一羽、二羽です。ウサギは何というか知っていますか？　これも一羽、二羽というんです。それでは馬は？　「一着」、「二着」……お後がよろしいようで。

●自分の笑顔、じかに見たことありますか？

みなさん、今笑ったでしょう。その自分の笑顔、自分でじかに見たことがありますか？自分の顔は自分のものだけど、自分では見ることができない、人さまに見ていただくためにあります。いつもむずかしい顔をしていると、その表情筋が異常に発達して仏頂面になります。そんな仏頂さんがいざ笑おうとしても、あまり使ったことのない筋肉を使って笑う羽目になるのでギョッとする顔になってしまいます。顔は生まれたままではありません。いい顔を作るのは一生の修行です。明るい顔がまわりを明るく、暗い顔がまわりを暗くします。お金をもらったときだけニコニコして発達する表情筋の名前を知っていますか？「配当キン」というんです。顔はその人の生活がでます。健康を映します。人生そのものが出る、だから男の顔は履歴書というんです。女性の顔はナントいいますか？「請求書」と言った人がいます。

絵画のことだったらなんでも知っているという、知ったかぶりをするおばちゃんがいました。そこで一枚の絵を見て「これルノアールね」といいますと、係りの者が「いえ、奥様、それはシャガールでございます」。「あ、そう。まちがっちゃったわ。こちらもシャガールね」、「いえ、奥様、それがルノアールでございます」。「あ、そうなの。あ、これなら私もわかるわ、ピカソでしょ」、係りが答えて言いました。「いえ、奥様、それは鏡でございます…」。

7 ガンの原因とその予防

ここでは医学生のAくんが私に尋ね、私がそれに答える、質疑応答という形で書いてみましょう。

私：今までの話で笑った方は体内でガン細胞が一〇〇〇個くらい消えたんですよ。こうした実験が前述の吉本での大実験でした。

Aくん：どうして日本ではこんなにガンが増えたんですか？

私：ガンセンターの先生がおっしゃるには日本人が長生きしたからガンが増えたというんですね。

Aくん：長生きするとどうしてガンが増えるんですか？

私：われわれ人間は一個の受精卵が次々に分裂して二倍、四倍と増えて、最終的には六〇兆個の細胞になります。六〇兆といってもピンとこないでしょうから、お金で計算するとわかりやすいと思います。あなたに一兆円の宝くじがあたったとしますね。毎日一〇〇万円ずつ使っていいよといわれて、一兆円使い切るにはどれくらいの時間が必要だと思いますか? 一晩一〇〇万円、たぶんみなさんの町では使えないと思いますから、東京の銀座くらいで使うとしますね。一晩に一〇〇万円使って、一年で三億六五〇〇万円、これはプロ野球選手の年俸くらいの額です。これを頑張って続けても、一〇〇年で三六五億円です。一兆円を割り算してごらんなさい。全部使い切るには、ナント二七〇〇年を超えるんです。六〇兆はさらにその六〇倍ということですから、とてつもない数字ですね。

細胞を再生するたびにそれだけの数の遺伝情報をコピーしているわけです。ですから、かならず不良品がでます。その不良品がガン細胞と考えられます。全部で六〇兆ですと、毎日いったいどれくらいの不良品＝ガン細胞が発生すると思いますか? 平均して毎日五〇〇〇個くらいのガン細胞が発生しているといわれます。それがすべて増殖したら我々は生きていけませんね。それを日々こわして処理してくれるのが体内に五〇億個もあるといわれるNK細胞で、これががんばっているからこうして生きていられるのです。

ところがその免疫の働きは日々老化して力が落ちていきます。二〇歳でその力を一〇〇としますと四〇歳ではその半分、六〇歳ではさらにその半分という落ち方です。人生五〇年の時代には肺炎、結核といった感染症が死因の大半を占めていました。発展途上国では今でもそうですね。でも五〇年を過ぎて生きていると、毎日五〇〇〇個のガン細胞を抑えきれなくなり、ガンが表に出てくるというわけです。ですから歳をとるということとガンが増えるということは、本来セット＝つきものなんです。しかたないですね。

そうはいっても、早期発見できる一番小さいガンの大きさは通常一センチ、一グラムといいます。細胞の数でいうと一〇億個です。一個のガン細胞が一〇〇日に一度分裂してふたつ、次の一〇〇日で四つというように増えていきますと、一〇億個になるまでにどれくらい時間がかかりますか？　平均して九年から一〇年ということになりますね。その間に、五〇億のNK細胞がやっつけているわけです。でも免疫力が老化するにつれて抑えきれなくなる。だから長生きするとガンが増えるのです。

Aくん：なるほど、日本人が長生きになったからガンが増えて問題になってるわけがわかりました。免疫力が低下する原因は老化だけですか？

私：徹夜や睡眠不足などが続くと免疫力が低下します。だからガンは免疫学からいいますと、あなたが無理をしすぎたせいですよという言い方もできるんです。それを世界的な免疫学者、安保徹新潟大学教授はガンの原因は過労、働きすぎだから、そういうライフスタイルを改めることだとおっしゃいます。

我々のからだは、毎日まいにち細胞が新しいものにコピーされて生まれ変わっています。

その数はおよそ一日に一兆個がリニューアルされるという計算もあります。全体で六〇兆個ですから、その計算でいくと六〇日であなたのからだはすっかりリニューアルされるわけです。歳をとってスピードが落ちたとしても倍の一二〇日で新しくなります。でもそのコピーが起こらない臓器がふたつあります。それは心臓と歯です。ここは永久細胞といって分裂しません。だからこの二カ所にはガンができないということでもあります。そしてこの細胞のリニューアルは一日のうちどの時間帯におこるかといいますと、睡眠中なんです。だから睡眠時間までけずって無理に無理を続けると、免疫力が低下してガン細胞を抑えきれなくなるのです。

Aくん‥なるほど、ガンは生活習慣病のひとつ、がんばりすぎはいけないよというのはそういうわけですね。するとガンになりやすい仕事というのもあるんじゃないですか？

私‥実はある生命保険会社が、五〇万人を五三の仕事に分けて、どういう仕事がガンになりやすいか調べたデータがあるんです（図9）。何だと思いますか？　実はマスコミ関係なんです。故逸見政孝アナウンサーのガンなどはその典型、まじめ故のがんばりすぎの結果だと思います。ほかにも、深夜放送のディスクジョッキーで人気があった土居まさるさん（五八歳）、もとＮＨＫ解説委員の小浜維人さん（六四歳）。故逸見アナと同じ職場にいて日本人宇宙飛行士第一号になった秋山豊寛さんは、一週間、一〇〇キロメートル上空から地球をながめているうちに、下界におりてからTBSをやめてしまい、福島県で農業をはじめました。今では農民代表として、しまったいい顔つきになっていますね。時間に追われる日々を、ああやって見直すことによって人生をやり直したのだと思います。いくつになっても出直しはできる、そう思いませんか。

Aくん：最近よくいわれる活性酸素との関係は？

私：活性酸素が細胞に働くと老化、細胞核に働くとガン化と考えればいいと思います。その活性酸素をやっつけてくれるのが「抗酸化物質」で、ビタミンCとかビタミンEなどです。活性酸素を「参ったか、降参か！」とやっつけてくれるんですね。

免疫の働きは心と大いに関係があります。気が

1	マスコミ関係（放送・新聞・出版など）	2.63
2	交通機関乗務員（タクシー運転手など）	2.47
3	金融機関の職員（銀行・信金・証券の管理職）	2.34
4	商社マン・外務営業職	2.15
5	生産工場の管理職	2.03
6	建設会社の現場管理職	1.98
7	研究開発部門の技術職	1.67
8	中小企業の経営者	1.59
9	小・中学校の教師	1.53
10	コンピュータ、OA 機器業界の管理職	1.48
11	電力・ガス・通信会社管理職	1.46
12	百貨店・スーパーの管理職	1.44
12	個人商店主	1.44
14	地方公務員（教職員を除く自治体職員）	1.38
15	国家試験資格取得者の自由業 （弁護士・公認会計士・税理士）	1.35

図9　ガンになりやすい仕事

※一般のガン死亡者発生率を1としたとき、どれだけ高いかを倍数で比較

張ってるときは風邪をひかないけど、気がぬけたとたんに風邪をひいたという経験は誰しもありますね。自分の大事な方の突然の訃報を聞いたショックで半年、一年後に「後追いガン」というのも同じことです。

Aくん：するとNK細胞を活性化すれば元気で長生き、ガンにもなりにくいということになりますね。

私：そのとおり！　それが六三ページの図7に紹介したNK細胞を活性化する方法の一部です。健康法はいろいろありますが、一〇〇人の方すべてにあう健康法はありません。たとえばサウナ健康法というのはサウナが好きな人はNK活性が上がりますが、嫌いな人は上がりません。その健康法が自分にあうかどうかはそれを心地よいと思うかどうかなのです。心地よいと思うから長続きできるのですね。

今から一万年前に地球は三つの農業形態に分かれました。我々、温帯に住むものは穀類と豆、南がイモ類、そして北は酪農と小麦でした。我々の先祖は何度も飢饉という体験をして、飢餓に強い、少ないカロリー・脂肪で生きられる飢餓耐性遺伝子を持つようになりました。白人は乳製品を持っているのでこの遺伝子はありません。少ない脂肪、少ないカロリーで生きられる我々の体に、高カロリー、高脂肪が毎日入ってきたら、どうなりますか。日本からハワイへ移民して三〇年、糖尿病が三倍というのはそんな理由なのですよ。

8 ガンは治る、末期のガンも治る

●ガン闘病者の千百人集会

あなたが今、ガンと宣告されたらどうしますか？　それも手遅れの進行ガンだとしたら……。

前述したように、二人に一人がガンになり、そして三人に一人がガンで亡くなるという時代です。なかでも乳ガン、前立腺ガン、大腸ガンは増える一方です。反対に米国では右肩上がりだったガンの発生に歯止めがかかり、減少に転じています。どうして日本ではガンは減らないのでしょう？　すべてのガンを記録している大阪のガン登録データではこの三〇年間では進行ガンの成績は少しもよくなっていません。早期ガンが再発して根治できない進行ガンに変わるのは、治療のあともその生活習慣を変えないからです。病気の問屋のような人生をおくっている作家、五木寛之氏は「病気に完治なし」というのが実感だと述べています。たとえば「腰痛」で悩んでいる人は全国にたくさんいますが、完治してまったく大丈夫という人はどれくらいいるでしょう。治るのではなく「治める」、一時的に治まっただけ、ちょっと無理をするとぶりかえすのが本当のところではないでしょうか。

同じように、「ガンとの共生」は可能なのです。そのポイントが治療より養生です。ガンは百人百様という言葉があるようにいろいろなタイプがあります。いわゆるガン年齢といわれる中高年に多いガンは、生活習慣病の代表選手なのです。免疫学の研究から「ガンはあなたの無理がたたってなった病気」ということがわかっています。

末期ガンがよくなった、そんな運のいい人がたまにはいるでしょうが、せいぜいひとりかふたりでしょう、そう思っているあなた！　そんな人を一〇〇人以上集めたら末期でもガンはよくなる、することとすれば元気になれるということを信じますか？

二〇〇三年四月一九〜二〇日、東京都調布市のＮＴＴ研修センターになんと末期ガンから生還した一二四人と、治したい一二〇〇人のガン闘病者が一堂に会し、その体験記を聞く集まり「第一回千百人集会」が二日間にわたって開催されました（写真５）。末期のガン、転移のある進行ガンでもよくなった人がたくさんいる、そんな方の体験を聞きたいというガン闘病者にとって夢のような集まりでした。もちろん世界で初めてです。

こんなにも明るくガンを語るという会合の仕掛け人こそ、元ＮＨＫのディレクターで現在は横浜にあるＮＰＯ法人ガンの患者学研究所（電話〇四五―九六二―七九一五）代表、川竹文夫さん（六〇歳）です。もちろんご本人もガン闘病者で一六年前に片方の腎臓を摘出しています。彼は自分の体験から、進行ガン、転移のある末期ガンからよくなった方々を集めた「人はなぜ治るのか」という番組を一九九三年に教育テレビで放映しました。これは教育テレビはじまって以来の最高の視聴率でした。現在でもこの番組は彼のところへお願いすれば二〇〇〇円で貸し出してくれますが、一三年たった今でも決して古い話とは思えません。

　以前はガンは治らない、進行ガンになったらもうおしまい、というのが常識でした。過去形で書くのは、それはまちがいということ

写真5　第1回千百人集会

がわかったからです。でも、今この本を読んでるあなたもいまだにその一人かもしれませんね。ところが進行ガン、末期ガンから生還したという方々が一〇〇人以上もいて、ガンはするべきことをすれば共存できるということを教えてもらったのがこの集会でした。全国各地から手弁当で集まったガン生還者一二四人が次々に壇上に上がり、「私はもうダメですと言われて、医者からさよならの握手をされましたが、今はこんなに元気です」といった具合に笑顔で語るのです。

ガンは原因不明ではありません。三五ページの図6で考えてみましょう。波の上に出ている部分がガンです。これだけ切除しても、その下の原因がそのままだったらまた再発します。ガンは生活習慣病の代表なのです。水面下の原因を三等分して上の三分の一がライフスタイルです。働き過ぎ、夜更かし、不規則な生活でガンに対する免疫力が低下するのです。前述したように、国際的免疫学者、安保徹先生はガンは無理がたたってなった病気と説明しています。つまり働きすぎ、交感神経過剰緊張状態が長く続くと免疫力が極端に低下して抑えきれなくなるというわけです。ですから、ガン細胞だけを取り除いても前と同じ生活をしていたら再発するのは当然なわけです。たとえて言えば、ガンはあなたの息子がグレたのと同じ。お前なんか出て行けというと向こうも刃物を持ち出しどちらも傷つきます。それより「お前の言い分も聞かずに悪かった。俺も改めるからお前も折れろ」

というと折り合いがつく。そんな生活をやめてというメッセージですね。

●末期ガンとともに生きる人たち

二〇〇三年四月一九日（土）、千百人集会の第一日目。桜が花散らしの風に舞い落ちる土曜日、調布市のNTT研修センターの一〇〇〇人収容のメインホールに続々と参加者がつめかけました。あふれた二〇〇人は別会場でテレビ中継を見ながらの参加でした。ガンは一〇〇人の生還者がいればそれだけの数の治療法があります。そして、この会は決して宗教色はありません。NPO法人ガンの患者学研究所代表・川竹文夫代表のあいさつに続いて、ピンクのバラを胸に堂々とした生還者たちが、「転移があってもよくなった人」、「手術をしなかった人」などと、テーマ別に十数人ずつ呼ばれて、笑顔で壇上に上がり、一言メッセージを言います。

九九％助からないと言われた末期の胃ガンから生還した方は、鍼灸師です。自分の治療法がホンマモンであったかどうか確かめるチャンスと考え、自分の病気は自分で治すと決心して、鍼・灸による治療と合わせて、玄米菜食と日常生活を改めて生還しましたとか、Ⅲ期の大腸ガンを自家製の健康食品で治した……という具合に闘病経過を語ると、会場から幾度となく「ホォー」という感嘆の声がもれ、その言葉ひとつひとつにみんながうなずいていました。

余命六カ月といわれた薬剤師さんは、反対にまだ六カ月生きられるんだと悟り、それまでの生活を一変させ、すべての人間関係や役職など世間のしがらみを一掃しました。料理教室に通い自分独自の食事療法を始めて、発病から七年経ってすっかり元気になり、新しい人生をはじめました。三年過ぎた頃から「三カ月先に闘病記の講演を」という依頼に対して、「そのころ生きているかどうか自信がない、一カ月先なら引き受けます」と言って、全国で体験記を語る充実した毎日だとお話されていました。

初日は生還者の半分を紹介し、腎臓ガンから生還した寺山心一翁さんがご自慢のチェロで「さくらさくら」を演奏してくれました。その後は一〇〇通りの治り方と題して分科会を開催、生還者四～五人に対し、ガン闘病者（かっこいい言葉でいえばガン・ファイター）が三〇～四〇人集まって質疑応答をくり返しました。この方たちに共通していることは、今までの生活習慣を根本から改め「治る」というゆるぎない信念で、自分で選んだ代替療法（西洋医学の三大療法以外）を貫き通しています。楽して治そうなんて人は誰もいません。もちろん何度も迷いますが、「一度はらを決めたら前を向いて突き進むだけ」という言葉は実践者の強い思いを感じました。

四月二〇日（日）。前日とちがって冷たい雨の降るなか、前日同様大勢の人が分科会に集まり、その熱気は雨などものともしない勢いでした。これで何とか治るという手ごたえを前日につかみ、それをもうすこし確認したいという方ばかりです。川竹代表は相談会で、「どうしてやろうとしないの、できない言い訳ばかりしてホントに治したいの？」と鋭い口調で指導しています。同じ病気の人集まれとばかりに、「白血病はこちら」、「卵巣ガンの人はいませんか」などという掛け声が飛び交います。……いったいなんちゅう会かいなと思いました。私は、「あなたはどこが悪いの？」と聞かれて、「いや別に」と、とても肩身の狭い思いをしました。健康な人はここにいてはいけない感じで、二回目に尋ねられたときにこう答えました、「口が悪い」。

二日目には、この集いのもうひとつの目的である仲間作りの輪がどんどん広がっていきました。くじけそうなときにお互いに支えあう仲間は闘病生活には欠かせないし、家族の絆ももちろん大切です。家族が一緒に参加して話を聞くことによって、ガンは治らないという悪いイメージを一掃できるのです。沖縄から参加した骨転移もある前立腺ガンの方は、「暗い健康人よりも明るいガン患者になろうと決めました」と話していました。

さて、その「第一回千百人集会」（写真5）の大変な裏話をしましょう。それを知るとなおさら、このイベントがベルリンの壁が壊れるほどのガン治療の歴史に残る出来事だったことがわかります。ＮＰＯガンの患者学研究所代表の川竹文夫さんがこだわったのは、なんといっても一〇〇人という数でした。よく医学会では、ひとつかふたつの稀な例だけが症例報告という名前ででるのです。一〇〇という非常識な数でなければガンは治らないという呪縛をかけられた人々は救われない、という強い思いが彼のなかにはありました。どこに行っても「一〇〇人？　そんな数を集めるのは不可能だ」、「妄想だ」と言われました。「一〇〇人でもすごいことだ、二〇人集めたら自分は頭を下げる」と言う医師もいるくらい、医者の間でも末期ガンから生還した人に出会うのは一生にそんなにあるものではないというのが常識だったのです。

●「奇跡の人」が一〇〇人以上も参加

実のところ、開催二カ月前の二月の初めで「治った人」の参加者数は三〇人くらいにすぎませんでした。従来のガンの三大療法をベースに、鍼や漢方なども使って六年で職場復帰をした方を紹介してくれた医師もいました。「私たちからみれば奇跡です」というコメントまで添えて紹介をしてくれたのですが、六年の間に再発で手術を何度もくりかえし、今でも抗ガン剤を使いながら職場復帰をしている状態でした。それはそれですごいことだと思うけれど、「千百人集会」がめざす「治った」というイメージには程遠いということで、大変失礼だけれどお断りしたそうです。「治った人」を紹介してと、こちらから頼んでおいて断るとはなんだ！　というお叱りもたくさんあって、断る電話をしていたスタッフのひとりはそのストレスで突発性難聴になったほどです。

それくらい「治った」という状態を厳密に選びました。というのは「治った」というけれど、その状態が天と地ほどちがうのです。参加者の感想にこういうのがありました。「Sさんは西洋医学で生き抜いてきた人だけど、最近でも再発転移をくり返し、人工肛門、人工膀胱で壮絶な印象が残った。それに対して、ガンは自分で作った病気、そんな生活を改めろというメッセージと受け取り、手術の後は生活習慣を改善し自分でもできる自助療法をやった結果、人工肛門や人工膀胱であっても、ガンになる前よりもっと健康になっている方には壮絶な印象は微塵もありません。実に明るく淡々としている」。同じ「治った」でもこんなにちがいがあるのです。

また当日都合が悪くなって来られなくなった方もいらっしゃって、オープニングの時に、「本当は一〇〇人の予定でしたが、残念ながら本日は八三人です」と言い訳するのはとっても悔しいと思っていましたが、当日はナントあのいつもむずかしい顔をしている川竹代表が満面の笑みで、「看板に偽りあり、一〇〇人といっておきながら実は一二四人の治った方が本日はおいでくださいました」という挨拶をしたのです。

●「私も治る」、「きっと治る」

やっぱり治すためには、治った人がたくさんいるところにいかないといけないのです。次々に、これでもかこれでもかと治った方がとぎれることなく壇上に登場してくる。そうすると見ている一二〇〇名のガン闘病者たちは、「私も治る」、「きっと治せる」という気になってくるのです。一〇〇人のうちの数人が登場しただけでもう泣いてる方が何人もいたし、となりの人と顔を見合わせて拍手しながら、驚きとともに治った方の語る言葉に一緒にうなずいたり、笑いあったりする光景があちこちに見られました。

治った一〇〇人にはいれるかどうかの資格判定のために書いてもらったアンケートを見ていると、そんなことをこちらが言ってるわけではないのに、八割を超える方々が玄米菜食だったのです。それにヨガや気功などの自然療法の手当てをいくつも組み合わせていました。反対に、西洋医学一辺倒のグループには玄米菜食の方はほとんどいなかったということでした。また、ガンといわれた初期は、どこかにいい薬、いい病院といった物や情報を必死になって求めようとします。でも、これは秦の始皇帝が不老長寿の薬を求めたのと同じで、青い鳥はいないのです。川竹代表によると、それで失敗した人をたくさん見ているからよくわかるのだけど、いつまでも何かいいものを探し、あさり続けるキョロキョロした姿勢がうまくいかない最大の理由で、うまくいってる人の特徴は、「これでいく」というはっきりした意思、覚悟をきめた方々です。誰しもはじめは悩み迷います。でもどこかで踏ん切りをつけて、ある治療法にかける信念というものが必要です。

それと同じことで、どこのガンであるかということにこだわっているあいだはまだ初心者です。でもそのうちに、治すためには、何のガンでもやるべきことは同じだということに気づきます。それは、ガンはあなたの悪い生活習慣がそこに出たというだけのことで、すべてのライフスタイルを見直せというメッセージとして受け取ることなんです。たとえて言うと、鼻のあたまにニキビができたとき、そこをつぶすとまた別のところにできますね。大事なのは生活態度を改めることでしょう。チョコレートやピーナッツ、甘いものを食べることを控えたり、お通じをよくすることを考え、食物繊維の多いものを食べるようにしたり、洗顔をしたりということが大切で、患部だけいじっていても治らないわけです。ニキビが鼻の頭にでようが背中にでようが、やることは同じです。

司会者が「○○さんはあと三カ月といわれてもう六年、元気です」といった紹介にしたがい、治った一二四人が次々と登場し、一時間以上にわたって一言ずつ語ります。会場では途切れることない拍手がこだましました。そのあと参加者全員が二六の小部屋に分かれて体験談をじかに聞きました。それぞれの部屋に治った人が四人で一時間です。そしてまた次の部屋にいくということで、ほとんどの実体験を耳にすることができ、自分が思ってる疑問もじかにぶつける、絶対に病院ではできない体験でした。

そして翌日の最後は、ガンを治したい一二〇〇名のうちから自分で手を上げて決意表明をする方々が壇上に登場しました。「Aです。今日からよい嫁、よい妻をやめ自分らしく内なる声にすなおに生きたいと思います」と言うような方がでますと、会場の一三〇〇人から「ウワー！」というどよめきの声があがります。「次回の千百人集会には治った一〇〇人の中に絶対に入ります」「余命三カ月と言われました。三カ月で治したいと思います」、というと笑いと同時に大きな拍手がわきました。「明日から無菌室で抗ガン剤の治療を開始する予定でしたがやめました！」そんな決意表明もありました。人生はすべて自分で選んで自分で決める。その上で自己責任です。自分で選んだことだから、結果がどうであれ、しっかり受け止めるという強い決意が表明されました。

「ガンちゃん、おとなしくしててや」といってなだめすかす人、「今回の話を聞いて自分の中途半端さがよくわかりました。今日から私、変わります。ガンよ、ありがとうと言いたいと思います」という言葉をいう人もいました。そして「Aさんは治る、治る、治った！おめでとう」というエールが会場いっぱいにひびきわたり拍手が続きます。その決意表明が一時間以上続き、前日とは打って変わって明るい笑顔が会場全体に見られました。

前述しましたように、『あなたが変わる口ぐせの魔術』（かんき出版）という本をだされた医学博士の佐藤富雄さんによれば、自律神経は自分の思ったようになる神経で、「これを食べたら太るのよね」とか、「人生、思うようにならないよね」と言っている人は見事にそのとおりなるし、「ありがとう」を口ぐせにしている人は感謝に満ちた人生になります。また、自律神経は過去、現在、未来の区別がつかないという性質があります。だから、むかし、悔し涙を流した出来事を思い出すと今でもはらわたが煮えくりかえりそうになるのです。また、未来の楽しいことをイメージしただけでワクワク、ドキドキという楽しい気分になります。だから、「治る、治る、治った!」と言えばからだは治ったと思い込み、やがて、それを実現してしまうというわけです。坂村新民先生の言葉に「念ずれば花ひらく」という有名な句がありますが、まさにこれもそうですね。

そして、自律神経は他人と自分の区別がつかないという特徴もあります。「○○さんは治る」と一三〇〇人が声に出していうと、それは○○さんだけではなく言った人全員にそれが実現するということがおこるわけです。そして、体験に裏づけされた言葉の力がいかにすごいかを実感しました。普通の人が一三〇〇人の方からいっせいに「治った、治った、おめでとう」という祝福の言葉をあびせてもらうことなんて、一生のうちにまずない、すごい体験です。このすごいイベントに参加した医者は、私を含めて何人もいませんでした。でも、すごいことを患者さんから教わったのです。治すのは医者じゃない、治す力はみんな自分の中にある、それに気づいた人から治っていくということがわかりました。川竹さんは時期がきたらもう一度、今度は「一万千二百人集会」をやりたいと話していました。治った人が一〇〇〇人、治したい人が一万人、そして二〇〇〇人は西洋医学の医者に来てもらいたい、これからは医者が患者に学ぶ時代だと思うからと話していました。同感です。

●気持ちが変わるとからだが変わる

ＷＨＯ（世界保健機関）が三年ほど前から健康の定義として「肉体的、精神的、社会的健康」という従来の定義に加えて、スピリチュアルな健康ということを言い出し、厚生労働省が翻訳にこまっています。スピリットは魂、その形容詞がスピリチュアル、霊的健康とは何のこと？　というわけです。人間の一番奥には魂（スピリット）があり、その外にマインド（気持ち・こころ）があり、一番外側にからだ（ボディ）があります。からだはそのむかし、空陀《からだ》とか空魂《からだま》と書いたのだそうです。土で人形をつくり、鼻から命の息を吹き込んだということになっています。そして、そのからだの修理ばかりしているのが西洋医学、それができないときは臓器を取り替える、その臓器移植が医学の進歩と称するものです。でも人間、気持ちが変わるとからだは変わります。その昔、江戸時代に『養生訓』

を書いた貝原益軒は、その著書の中で「心はからだの主人なり」ということを書いています。みんな気がついたところは同じなんですね。

名古屋の故きんさん・ぎんさんも百歳から若返りました。人は気持ち次第です。病気という字は「気が病む」と書きます。ガン検診の結果が悪かったということを聞いたとたん、腰がぬけて座り込んでしまうのもまさにこれです。聞く前と聞いた後で、何かからだが変わりましたか？　からだは同じで、気が病んだのです。そこで気がつきました。魂の打ち震えるほどの感動、これがスピリチュアルなんだ、無理して翻訳することはないんだ。認知症の最初の症状は物忘れではありません。感動がなくなることです。ですから、若くても、無感動・無関心といわれて認知症みたいな青年もいます。今年八六歳の現役女優森光子さんや故三浦敬三さん（最高齢のスキーヤー）に歳は感じないでしょう。感動する心はお花のようにたえず水をやらなければ枯れてしまいます。だから、いつもわくわく、ドキドキ、これが大事です。でも、いつもドキドキは心臓に悪いから、ときどきドキドキにしましょう。これならいいですね。

この千百人集会の最後のグランドフィナーレの決意表明の波は、まさにスピリチュアルな体験でした。帰りに川竹代表に私は言いました。「川竹さんはこの千百人集会をやるためにガンになったんだね」と。すると川竹さんも改めてガンになってよかった、うれしかったとおっしゃっていました。どんなものにも意味を見出せる、それが人間のすごいところだと思います。

●スキルス性胃ガンの末期で富士登山

これからは治った一〇〇人の中から個人的によく知っている方々を紹介しましょう。

福岡のMさん（女性六〇歳・写真6）。故逸見アナウンサーと同じスキルス性胃ガンⅣ期（末期）で、一九九八年にガンと診断されて手術。二〇〇〇年夏には、ガン患者さんたち二〇〇名の富士登山にも参加して頂上を極めました。手術して胃も脾臓も胆嚢もありません。やっていることは、玄米菜食・ウォーキング・水を一日三リットル以上飲むようにしています。五年経ったひとつの区切りとして、二〇〇三年一二月にはホノルルマラソンを完走したのです。あせらない、あわてない、あきらめないをモットーにして仕事や山登りなど、ひとつの

写真6　向かって右がMさん、まん中が筆者

ことに集中しています。二〇〇四年四月にはガン患者さんたちの自助療法の会「青葉の会」（TEL&FAX〇九二－四一三－八二〇〇）を福岡に作り活動しています。治りたいという根性はすごいです。

●悪性の肺ガンから生まれた「いのちの落語」

東京のHさん（男性・五二歳）は、肺ガンの中でも最も悪性の小細胞性肺ガンです。国立がんセンターで三年生存率が五％、五年生存率は数字がありませんといわれて一〇年目。四二歳の厄年のとき、新規事業立ち上げのために不眠不休で働いた結果、このガンになり手術しました。その後、シスプラチンという抗ガン剤で腕は肩先から、足はつけねからしびれたままで、腎臓は透析寸前の状態です。学生時代に落語研究会をやっていて、社会人落語協会理事ですから趣味の落語はセミプロです。それで、自分の闘病体験を千百人集会の時に「病院日記」と題してやりました。こんな具合です。

「手術した日の夜、開胸手術ですから息をするたびに傷が痛みます。そのたびに看護師さんにナースコールをします。はじめはいいけど、五回も六回もとなると外科のナースは手荒いですからね、『またHさん、痛い痛い言うけどひとつくらい痛くないとこないの？』

『ある、あなたと一緒にいたくない！』」。

あんなに腹のそこから笑ったのはガンになって初めて……、泣いて笑って忙しかったけど楽しかったというたくさんの感想が寄せられました。

彼は二〇〇五年一月に「いのちの落語」と称して、落語を録音したCD付の本を文藝春秋社から出しました。泣かせるし笑わせるし、彼でなければ書けないすばらしい新作落語です。二〇〇五年一二月で会社を退職して、いまはガンサポートキャンペーンでテレビに出演したり、各地で呼ばれて講演もしておられますし、毎年九月には、ガン患者やその家族を招待して、東京の深川江戸資料館で「いのちに感謝の落語会」をやっています。そこに行くことを一年の最大の目標にしてるという闘病者の方々もたくさんいます。終わった後はたくさんの方が声をかけてくださり、ガンの仲間が笑いでつながる落語になりました。彼は、「みなさんのNK細胞が活性化した以上に、自分の免疫力もあがりました」とお話しされていました。

●全身転移のガンが消えた！

名古屋の伊藤勇さん（男性・七五歳・写真7）は、前立腺ガンが全身の骨、肝臓に転移。

Ⅴ期（末期）で余命三カ月といわれて、一〇年が過ぎました。検診の結果を聞きに行って突然のガン末期の宣告をされました。先生から「入院しなくていい」と言われたので大よろこびしていたら、「手術も抗ガン剤も三大療法は意味がない、あと三カ月だからホスピスだ」と言われたのです。当時、一〇〇名の従業員を抱えて四〇年かけて育てた会社の社長でしたから、告知を受けた日は幹部会の日で、近くの公園でとめどもなく涙を流し、新聞で顔を隠したのを覚えています。二カ月かけて公的にも私的にも身辺の整理をしたらほんとに楽になりました。そして、会社を人手にわたし、戒名もつくり、オマケの人生だからと、痛み止めを使いながら、玄米菜食だけで、これまでできなかったことをたくさんやりました。もちろん、いつ検査しても体中にガンがあるということでもう慣れっこになりました。

写真７　左が７年前、右が現在の伊藤勇さん。同じ人に見えますか？

ますます楽しいことをいっぱいやって、おまけの人生を満喫していた七年目、急に体重が減り腰の痛みと貧血、原因不明の発熱で緊急入院、原因不明のまま意識不明、なんとか生き返り、検査の結果、なんとどこをさがしてもガンはありません。消えています。医者は、「おかしい、おかしい、でもほんとにないんやわー!?」と首をかしげるばかりです。「ガンちゃんおとなしくしとってやー」と、声かけて快眠・快食・快便をこころがけ、今日という日は二度と来ないと思って「ありがとう」の感謝の心で生きています。もうひとつ伊藤さんがやったことは「よくなるよくなる、きっとよくなる、ずんずんよくなる必ずよくなる」という言葉を何度も何度も唱えていました。それを紙に書いて、部屋の中の目に見えるところにいっぱい貼って、見るたびにこれを唱えるのです。

彼はその後　心臓弁膜症の手術もしました。術後に肺梗塞をおこして死にかけました。でもなんとかクリアーして今も元気で毎年一月最後の日曜日、名古屋の大須演芸場で開かれる日本笑い学会中部支部の新春笑例会には必ず来てくださる笑い学会の会員です。日本笑い学会については最後にまたお話しします。

伊藤勇さんのホームページ　http://www.asahi-net.or.jp/~is9c-yngw

●名古屋のガン患者会は健康長寿の実践会

名古屋でガン患者さんの会「いずみの会」を主宰している中山武さんは、故逸見アナと同じスキルス性胃ガンという病気で手術してなんと二〇年です（写真8）。その「いずみの会」では亡くなる方は、この一〇年ずっと一年間に五％前後です。メンバーの病名をみると、転移があって進行ガンという人がほとんどですから、五％という数字がいかにすごいか、医療関係の人ならとても驚いてしまいます。いずみの会のことは中山さんが二〇〇四年九月に『論より証拠のガン克服術』（草思社）で紹介していて、前述の伊藤さんのこ

写真8　「いずみの会」を主宰する中山武さん

ともくわしく紹介されています。

この会にはすごい人がたくさんいます。埼玉県三郷市のYさんは二〇〇四年八月に進行性咽頭癌といわれ、すぐ入院して手術と言われました。それも顎の真ん中からガンのある右顎を完全に切除し、肋骨とそのまわりの筋肉を移植するというすさまじいものでした。帰り道、「いずみの会」のことを書いた本を手にしてすぐに勉強会に参加しました。自分よりも症状の悪い人たちがしっかり生きている。それも、転移があっても抗ガン剤を使わず手術もしないで治している人もいる。WHOによる抗ガン剤が効いたという定義は、腫瘍の大きさが半分になった状態が四週間続いたら効果があったと判定する、普通の人が思っているガンが消失したのとはほど遠い内容だということも知りました。自分の病気を他人まかせの丸投げにしないで、自分で勉強し、よくなった仲間を見て勇気づけられましたと語っています。

でも実際は、Yさんの心は揺れました。のどが痛み、声もおかしくなり、医師に相談すると「早く手術」の一点張り。手術への踏ん切りがつかないまま入院して、抗ガン剤の治療を受けたとたん、三日目には吐き気、おう吐、食欲低下、白血球が減り肝機能も悪化しました。抗ガン剤は恐ろしい、心は絶えずヤジロベエのように揺れ動きました。体調のいいときは手術しないと思っていても、体調が悪いと弱気になります。でも、あとになってわかったのですが、抗ガン剤の副作用で思考能力がおかしくなっていたのです。

入院中、手術したためにリンパ浮腫で足がパンパンに腫れた人や、傷がふさがらずに退院できないという人も見ました。それをみているうちに、手術はしないとはっきり決心して、ガンとの共生、墓場までガンを持っていくと決めました。家族も本人の固い決意に理解を示してくれるようになりました。誰でもからだのどこかに悪いところをもっていて、腰痛持ちは痛みをかかえながら普通に生きていることに気づいて、「いずみの会」の仲間たちと楽しくつきあっているうちに、いろんな症状が気にならなくなったといいます。

いずみの会は名古屋を拠点として「ガンは治る」を合い言葉に気質、体質を変えるために玄米菜食を中心にいろいろな講演会なども開いています。私も講演させてもらいました。

●NPOガンの患者学研究所

また、TBSテレビで日曜日の夕方、報道特集という番組がありますが、そこで医療、とくにガン医療を中心に世界中で取材をしている報道局主幹の斉藤道雄さんは、前述の中山武さんと同じ年の一〇月に『希望のガン治療』(集英社新書)という本を出されました。ジャーナリストという客観的な立場からよく書かれたいい本だと思います。

これらの方以外でも、卵巣ガンのために腹水、胸水がたまり一時心臓停止、その後一〇

「いずみの会」のホームページ　http://homepage2.nifty.com/izuminokai

時間の意識不明から生還して一五年というKさんなど、すごい人がたくさんいました。関心のある方は、このイベントの仕掛け人、NPOガンの患者学研究所に問い合わせをして、そこが毎月発行している『いのちの田圃』（五〇〇円）を購読されると、ガンとどう向き合うかが次第にわかってくると思います。

アメリカでは一九七一年にリチャード・ニクソン大統領がガン戦争宣戦布告、これからの一〇年いや遅くとも二〇年以内にガンをなくしてみせる、ガン治療に多額の予算を組んで進行ガンでも治る、ガンはもう恐くないという時代が来るようにすると宣言をしました。そして二〇年後の一九九〇年、大統領は敗北宣言をしたのです。これ以上金を使っても、進行したガンを完治させることはできない。それよりガンになりにくいからだにする方向にもっていこうと、一八〇度の方向転換をしました。

二〇〇五年五月一八日のニューヨークタイムズの社説に次のような記事がでました。「脂肪の少ない食事をすると、Ⅱ期以上の乳ガンの再発は減らせる」。現代の日本人の常識からすればごく当たり前のことですが、そんな記事が掲載されました。これが実証主義の証拠に基づく医療（エビデンス・ベースト・メディスン）なのです。ニューヨークタイムズは、医療界の記事はあまり取り上げない新聞だから、そこの社説に掲載されたということはすごいことなんだと、斉藤道雄さんは講演でお話しされていました。

●これからはオーダーメイド医療の時代

抗ガン剤が患者さんに効くのか効かないのか、副作用の心配はないかあらかじめ予想できたらガン治療はもっとよくなると思いませんか。人によってクスリの効果に差があるのは、これまでは体質の違いと呼ばれていましたが、実は遺伝子の違いという科学的事実がわかってきて個人個人にあった治療薬を選択しようというのがオーダーメイド医療です。従来はこの病気にはこの薬という具合に皆に同じサイズの服を着せ、キツくてもダブダブでも少しがまんしなさいという医療です。オーダーメイド医療はサイズを測定した上で着心地のいい服を提供する医療です。そのために厚生労働省は五年間にわたり二〇〇億円という予算を組んで三〇万人の患者の四〇種類の病気の遺伝子の解析をおこなうプロジェクトをはじめました。どういう病気はどういう遺伝子をもったほうがなりやすいかがわかるし、薬の効き方も遺伝子を調べると前もってわかるようになるというわけです。欧米人のデータではだめなのです。それは日本人と欧米人は遺伝子が違うことがわかったからです。当然、欧米の食べ物を日本人が常食にすると遺伝子が違うから病気になるのは当たり前ですね。

9 食べ物を変えると人生が変わる！

●もっと、ごはんを！

これだけものが売れない、消費が冷え込んでいるときでも半額セールまでしてべらぼうに売れている食品があります。ハンバーガーですね。一個五九円にしたとき何が起こったと思いますか？　あるお母さんは、育ち盛りの子が二人もいるので五〇個も買ってきて冷凍庫に入れて、おやつのたびにチンして食わせるのです。あんなのばかり食べているとどうなるの？　向こうの人と同じ病気になります。今では一〇代の糖尿病、高血圧はめずらしくも何ともない。この間一一歳の子どもが脳卒中になりました。六歳で総入れ歯という子もいます。犯罪もどんどん低年齢化しています。いちばん早かったのは、昭和四七年の浅間山荘事件ですね。冬の三カ月あの連中が何を食べていたのかというと、インスタント食品と缶詰だけです。あんなのばかり食べていたらキレる、当たり前です。

どうして、日本でヨーロッパやアメリカのものばかり食べなくてはいけないわけ？　流通経路が長いものほど、腐りやすいものほど薬漬けで、防腐剤がいっぱいです。「最近の日本人は死んでも腐らない」という冗談を言う人もいて、ほんとうにそんな気がします。人を良くすると書いて「食」でしょう。だから食べ方の誤りが病気になるのです。「食」は、とっても大事な人間の三大本能のひとつです。ご存じですね。食欲、性欲、海水浴（？）というのです。暑くなったら泳ぎたくなりますから。

ガン（癌）というやっかいな病気は、「口を三つも書いて山ほど食った」という字です。ガンの三分の一は食事に関係しています。この病気になって手術をしてもらって、退院の時に再発しないための食生活を聞いてごらん。「全部取ったから何を食べてもいいよ」としか言われないでしょう。だから、病気になってはじめて健康のことを考えるし、食について勉強しようとなります。それでテレビの「おもいッきりテレビ」をみて、一週間は赤ワイン、次はブルガリアとこうなるのです。

正解は、もっと『ごはん』なんですよ。「ごはん・みそしる・つけもの・なっとう」みんなひらがなな食品でしょう。「パン・コーヒー・バター・ジャム」全部カタカナでしょう。どっちが食品添加物が多いですか。毎朝パン？　すると、一生でどれだけ添加物をとりますか。もと関取コニシキ関の足一本分、六〇キログラムにもなります。添加物の多くは、石油から作られています。これだけ添加物を摂ったら、どんなことでも起こりえます。だからご飯なのです。パンにあう魚を考えてみてください。白身魚のフライかツナ缶です。刺身とパン、食べますか？　サンマとパン、合うわけがない。ご飯だったら八方美人だからどんなものとも合うわけです。白米がどうのという人がいます。それなら五分か七分搗《づ》きの精米にすればいいのです。でも、アワとかヒエとか鳥のエサみたいなのを混ぜれば栄養学的に満点。料亭でも最近は、ちゃんと「アワご飯」が出てきますよ。それを二年も三年も食べてごらん。そのうちきっと飛べるようになるかもしれないからね。

お料理する人はボケません。たとえば夕食を考えるとしましょう。最初に考えるのは夕べ何を食べたか、冷蔵庫に何が残っているか。それを思い出して手を使って、頭を使うから料理する人は絶対ボケない。定年後はぜひ料理をすることを男性にもお勧めします。特に、女性がやらないようなうどんを打つ、そばを打つ、それで私がつくったから食べにおいで、といってたまり場になるでしょ。これからは、スーパーに買い物に行く男性のことをスーパーマンといいます。

●食生活と精子の異常

もうちょっと怖い話をします。平成一〇年（一九九八年）日本不妊学会での発表です。

確かに男性の精子が減っている。精子の奇形（図10）が増えている。不妊外来に来ている人の精子がこうなら、普通の男性の精子はどうなっているのかと、大阪の森本義晴先生が考えまして、大阪の若者六〇人、平均年齢二一歳について調査をしました。そのうちまともな人が何人だったと思いますか？　たった二人なんですよ。一体どんな生活をしているのか、片っ端から調べてみたら八割がカップ麺とハンバーガーの常食です。あんなのばかり食べていたらどうなると思いますか。ダイオキシンは油に溶けます。ハンバーガーの四五％は脂肪です。それが精巣に蓄積した結果と考えられています（図11）。

ハンバーガーの会社はこういっています。人間の味覚は一〇歳までに決まる。それまでにケチャップ、マスタード、ハンバーグに漬け込んだら、味噌・醤油は確実に忘れる。売り上げは上がる、体格はよくなっても、体質は悪くなる。最初からねらったのは一〇代の女の子。いずれは子どもをつれてきてくれる。見事にその作戦にはまりましたね。北朝鮮にいくら洗脳されても、日本に帰ってきて故郷の山や川のにおい、椎茸・昆布・鰹節・味噌・醤油といったノン・カロリーのおふくろの味を体験した方々は、日本人の心を取り戻してきたでしょう。ハンバーガーならこうなりますか？　ニク月に旨いと書いたら脂肪の「脂」です。最初からベーコンだ、バターだと食べていたら、ダシの文化は負けてしまいます。今、デパートの離乳食売り場にいってごらんなさい。イタリア風味、フランス風味とベーコン、バター、チーズ味のものがたくさんでていて、「小さいときから世界の味を覚えましょう」なんてキャッチコピーが書いてあります。我が子は日本人であることを、若いお母さんに思い出していただきたい。だから、お母さんが変われば子どもは変わります。子どもが変われば二一世紀の日本も変わります。

　不妊外来に来ると男性が悪いか、女性が悪いかがわかります。男性が悪いとわかったとき、「じゃあね」ということにもなりかねません。いまや、「男三界に家なし」です。こんな男に誰がしたのよ？　と言いたくなりますね。

　ところで、体外授精で生まれてい

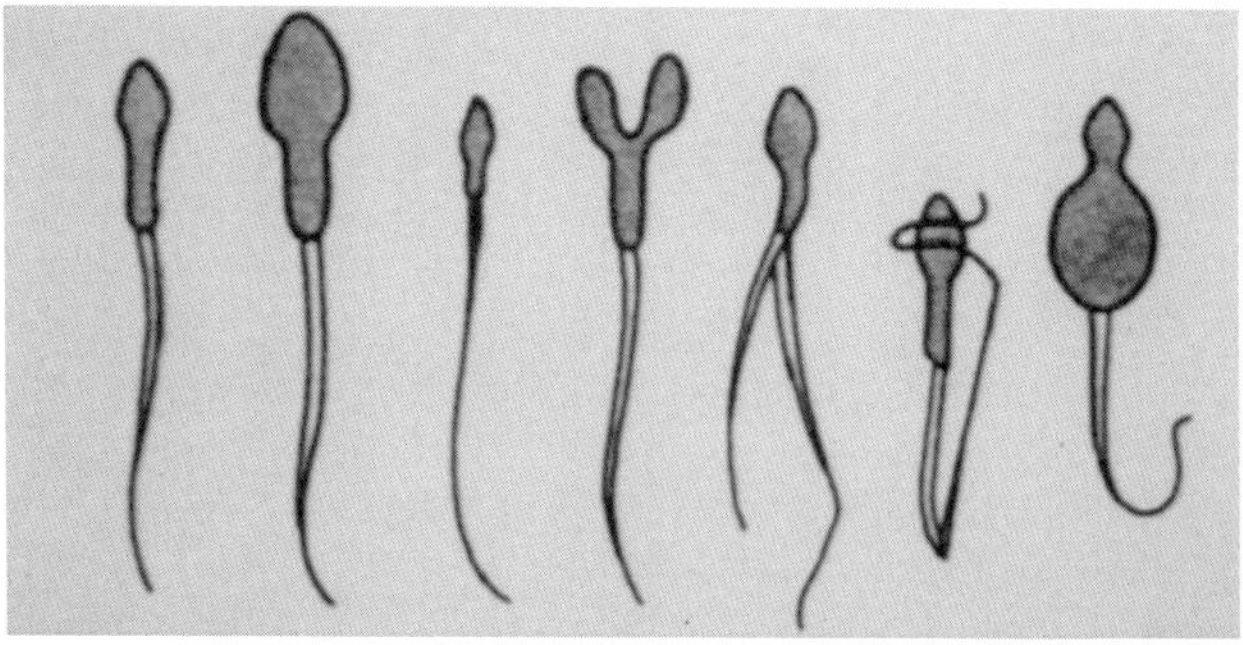

		精液減少症	乏精子症	精子無力症	奇形精子症	濃精子症
よく食べるファーストフードは？	ハンバーガー	－	＋	－	＋	－
	カップ麺	＋	－	－	－	－
	コーラ	＋	－	－	－	－

回答者中の50%以上となったものを（＋）、それ以下を（－）とした
ハンバーガーの45%は脂肪・ダイオキシンは油に溶ける

図10（上）、11（下）生活環境と精子異常の関係
（IVF大阪クリニック調べ）

る子どもの数を知っていますか。一年間に二万人、五〇人に一人は試験管ベビーです。その原因の六割は男性のほうに原因があるということになっています。試験管ベビーは保険がきかないので、一回五〇万円~七〇万円。確率は四回やって一回です。三〇〇万~五〇〇万円かけてやっと親にしてもらえるのです。誰でも親になれるわけではありません。だからできちゃった結婚の女の子、すごく賢い作戦だと思います。不妊は昔は一〇組に一組。今は七組に一組というところまできています。

●旬のものを、そして伝統食を

だから、食というものをもういっぺん考え直してみましょう。基本的には旬を食べればいいのです。上旬、中旬、下旬というとおり、「旬」は一〇日間という意味です。竹かんむりに旬と書いたら「筍」、一〇日過ぎたらもう旬ではないという意味です。春の旬は木の芽時だから芽のもの、夏は葉っぱ、秋は実、冬は根と覚えるといいですね。特に春は苦みのあるようなふきのとう、こごみ、タラの芽、それも天ぷらにすると食べやすいということで、昔の人は土産、土法といって調理法まで現在の人に伝えてきました。清少納言もちゃんと枕草子に「春はあげもの……」と書いているでしょ。そういうことです。もっと食に対して関心を持って、基本的にはその土地でとれた旬のものを食べればいいということ

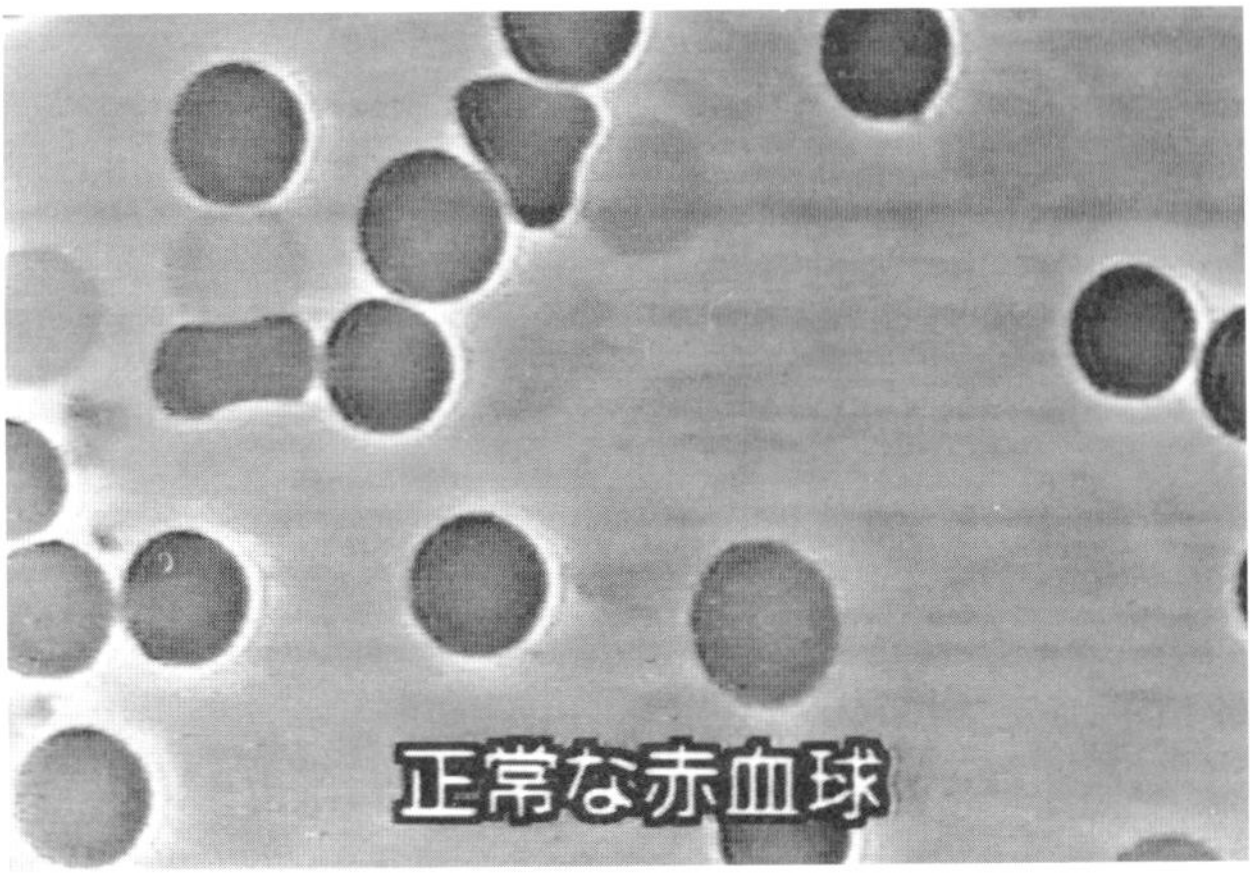

写真 9　正常な赤血球

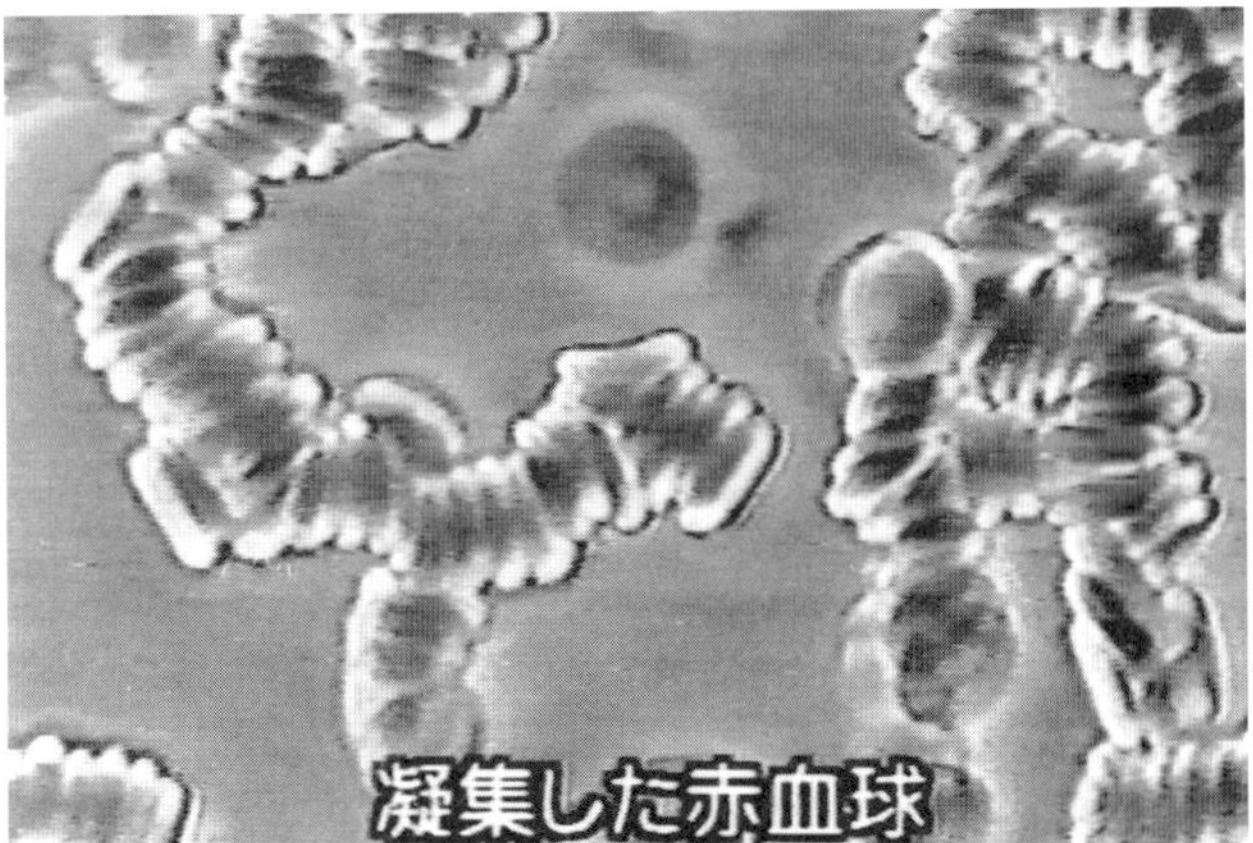

写真 10　凝集した赤血球

とです。昔からの伝統食を食べていると、写真9のように赤血球がさらさらと流れていきます。変形した赤血球が毛細管にすうっと入って、酸素や栄養分を送り込みます。ラーメンを食べた直後の血液が写真10です。どろどろ血液とはこういう状態です。たまにはかまいません。すぐきれいになりますから。でも、しょっちゅう油ものを食べているとこういう血液になります。これが心臓の細い血管に詰まると心筋梗塞になる、当たり前です。医療の原点は食、食の原点は農業、したがって土の問題です。土がよければそこからとれた野菜は安心して食べられます。

ニューヨークのアルバート・アインシュタイン大学の新谷《しんや》弘美教授は三五万人の胃カメラ、一一万人の大腸ファイバースコープをした結果、穀類（玄米中心）、豆、海草、発酵食品を摂るのが人の本来の食生活ということがわかりました。五臓六腑の腑の字に肉をつめると腐るという字になります。また、『粗食のすすめ』の著者、幕内秀夫先生は食生活指導一万例から、乳ガンの方の大半が洋食であることに気付きました。新谷先生も日本人が肉や乳製品を常食にすると大腸に憩室というポケットができそこに便がたまり、それが宿便になる、ということで真っ黒になった腸の映像を見せてくれました。でもその人が食い改めて穀物・菜食の穀菜人になるとわずか一カ月で腸の中がきれいになりました。他のガンの方も食生活を改めると一～二カ月で実にきれいになりますよ。

10 日常生活への応用法

●おなかの中からはじめる子育て

胎教という言葉、今どきの若いお母さんたちは聞いたことがないかもしれません。聞いたことがあるとしてもあんなの迷信だという人までいるでしょう。三歳くらいの子に聞いてごらん。お腹の中にいたときってどんな感じ？　すると「ママのお腹の中は暗くてあったかかった」と答える子が三人に一人はいるのです。そんなこと、誰も今まで聞かなかったでしょう。だからわからなかったのです。横浜の産婦人科医で、私の友人の池川明先生は二〇〇二年から二〇〇三年にかけて、長野県諏訪市と塩尻市内の保育園・幼稚園に通う子どもの親、約三六〇〇人を対象にアンケート調査を行いました。その結果ナント三人に一人は覚えているという結果がでたのです。

言葉を覚え始めた二歳から三歳くらいが一番多く、四歳になるとぐっと減っていきます。

「生まれてくるとき、何かのどに詰まってオエッ、オエッてなったよ」、「出てくる時あたまが痛かった」、「とてもまぶしかった」という答えのほかに、「パパとママを選んだんだよ」、「ずっと待ってたんだよ」とか、あるお母さんは二人目を流産した時、私が気づく前に娘が「おなかの赤ちゃん、もういないよ」と言いましたというのもありました。池川先生はそれをまとめて『おぼえているよ　ママのおなかにいたときのこと』（リヨン社）という本を出版しました。アンケートによると「生まれる前はお空にいたよ」と胎内に入る前の記憶について語る子もいました。それは同じくリヨン社から『ママのおなかをえらんできたよ』という本になり、英語と日本語（※）の論文を発表しました。

池川先生は、この研究を二〇〇三年秋に南米のチリで四年に一度開催される国際産科婦人科学会で、胎内記憶の演題で発表しました。誰も反論がなかったどころか、あるドクターは自分自身がその記憶があると話していました。大人でも一〇〇人に一人はあるといわれる胎内記憶、でもその話をするとみんなから変人扱いをされるのでいままでしゃべらなかったけど、こんな話を聞いて私の記憶はまちがいなかったという人もいました。

そして、この胎内記憶のことは二〇〇五年五月末に、フジテレビのニュースで実際の子どもたちの証言として映像で放映されました。ある九歳の男の子は、精子の絵から赤ちゃんになるまで、そして産道は掃除機の中のホースみたいと話しながらその絵を見せてくれ

※池川明「おなかの中から始める子育て〜胎内記憶・誕生記憶から考えられる子育て」（小児歯科臨床 11 巻 5 号、19 〜 25、2006 年）

ました。それを帝京大学産婦人科の森宏之教授に見てもらうと、医学的に我々が知りえている事実とちゃんと符合します。これは子どもがふきこまれてしゃべったとはとても考えられないという驚きのコメントをしています。子どもが何らかの役割をもって親を選んできたということを知って、これからママになりたい、育児をしようという気持ちが大きく前向きになったという人がたくさんいます。「赤ちゃんは授かりものですよ」と言うけど、「預かりもの」でもあるのです。はたちまであなたに預けておくからねというメッセージですね。育児は育自、教育は共育とも書くことができます。親という字は、木の上に立って見ていると書きますね。目を離さずに手を離せという言葉もあります。写真3（三二ページ）でお見せしたように、お母さんの気分がいい時は赤ちゃんも笑っています。

●心臓の音は胎児によく聞こえている

さて母親学級でお見せしているのが図12です。妊娠八カ月くらいの妊婦さんのお腹では、心臓からでた大動脈が背骨の上にあり、胸から足のほうへ伸びていて、動脈ですからたえず拍動しています。つまり子宮の中の赤ちゃんはいつも揺り動かされているわけです。お母さんがゆったりした気分でいると赤ちゃんはゆっくり揺れています。これが「ゆりかご」の原理です。イライラすると赤ちゃんまでイライラが伝わるのはそういうわけです。

そしていつも心臓の音が聞こえています。羊水のなかでは空気よりも三倍も音は早く伝わります。英語でビートというのは心臓の鼓動という意味。ビートのもうひとつの意味は太鼓の音です。太鼓は心臓の音、だからいつの時代でもどこの民族にもある楽器が太鼓なのです。生まれたあと、八割の人が赤ちゃんを左に抱くのもそれと関係があるかもしれません。

フランスのトマティスという耳鼻科の先生は、この背骨の骨をピアノの鍵盤に見立てました。腰の骨は脊椎骨の中で一番大きくて五〇〇ヘルツくらいでよく反応します。太鼓の音などの重低音がこの振動数です。だから、太鼓の音は腹によく響くのです。頸部のうえの頸椎骨は、小さいのでピアノでいえば高い音で振動します。高い音が頭に響くのもそういうわけです。免疫中枢のある延髄のあたりの頸椎では三八〇〇〜四二〇〇ヘルツの音がよく反応します。これをたくさん含んだ曲を作ったのがモ

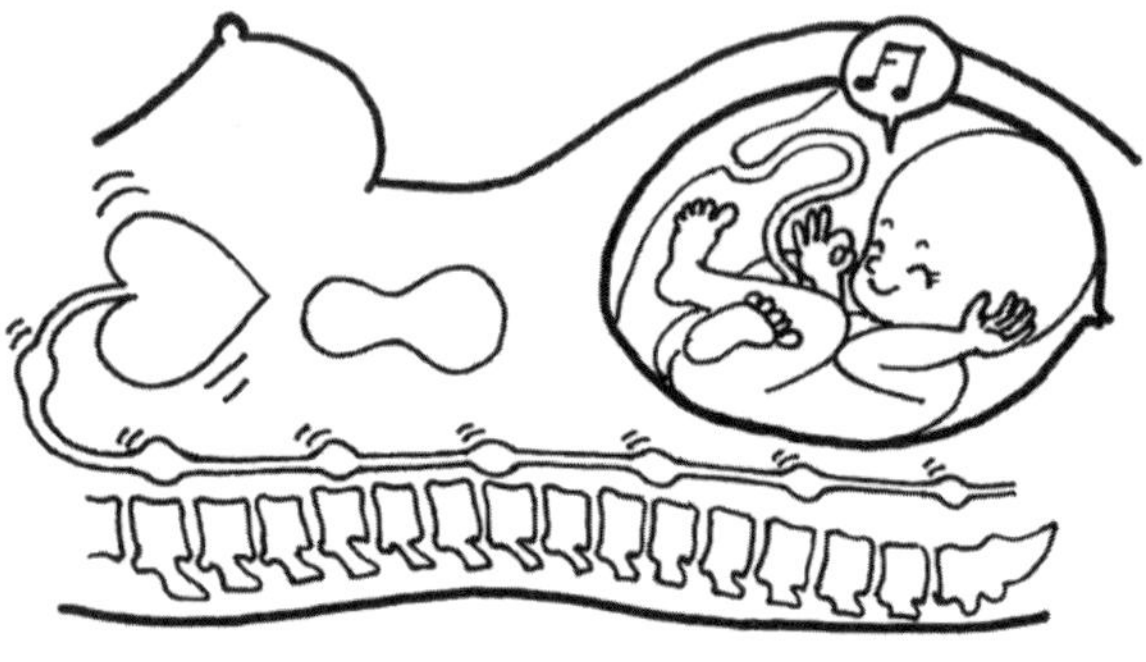

図 12

ーツァルトだそうです。トマティス理論といって、音でいろんな症状を改善する治療を考案した人がいます。日本でも倉敷の篠原佳年先生は七年ほど前からこれを診療にとり入れています。図12のように心臓の下に胃があって、その下に子宮があって羊水があります。「いのうえようすい」という歌手がいますが、羊水は胃の下にあります。

●ヒトのおっぱいはなぜ大きいか?

さあ、生まれた後の話です。赤ちゃんはちっちゃな手で大きなおっぱいをおさえ、懸命に吸っています。そして、見上げるとママの顔、赤ちゃんの目の焦点距離は約三〇センチです。ということは、赤ちゃんを抱いて授乳するとちょうど目と目をみかわすことができる距離なのです。これがアイ・ツー・アイ・コンタクトといって、人間だけにみられる授乳風景です。イヌやネコの授乳風景を見たことがあるでしょう。横になって勝手に飲めという形で、お互いに目をあわせることはありません。

岡山の笑い学会のもと支部長、三宅馨先生も同じく産婦人科医で、こんな実験をしました。生後三〜四カ月の赤ちゃん一〇人に、ママが笑いかけると全員笑顔になります。こんどはむっつりした顔をしますと、六人は泣き出し、四人は目をそむけました。次に、八カ月の赤ちゃんに対してむっつりした顔をすると、赤ちゃんのほうから「ネエ、ネェ笑って」

といわんばかりに、ママに向かって赤ちゃんのほうからエンゼル・スマイルをなげかけるのだそうです。

あるママは授乳しながらテレビの番組に夢中になっていたところ、思わず「痛い！」と叫んでしまいました。赤ちゃんがこっちを見てといわんばかりに乳首を噛んだのです。そういえば「あなたが噛んだチクビが痛い……」そんな歌がありましたね？

どうしてヒトのおっぱいだけ大きいのでしょう。サルのおっぱいって知っていますか？人間の男性並みです。それでちゃんと授乳できるんです。人間の赤ちゃんの場合は八〜九キログラムもある頭をもっています。それで一日八回も授乳します。サルと同じようなおっぱいだったらどうでしょう。首が疲れてとても一日八回の授乳はできません。おっぱいが大きいと首を曲げなくてもすむのです。そのために大きくなったのです。男性諸君が考えている理由ではありません。

●笑顔は成長促進剤

第二次大戦のドイツで、ある英国の小児科医が発表した有名な研究です。AとBというふたつの孤児院があって、Aの孤児院の院長さんはいつもニコニコ、子ども大好きなシスターでした。Bのほうは、しつけの厳しい大変うるさいシスターが院長さんでした。子どもたちの体重増加を調べてみたら、笑顔いっぱいのシスターのいるAのほうがBを上回っていました。でも、厳しいシスターにも三人だけお気に入りがいて、この子たちの体重はAほどではないにしても、他の子どもたちを上回っていたのです。戦後の食料は配給の時代ですから、AもBも食べ物の量は同じです。

半年たってAとBのシスターが入れ替わりました。厳しいシスターのいたBの孤児院にやさしいシスターがくると、子どもたちの食欲が増え発育がよくなって体重が伸びはじめ、とくにお気に入りの三人は同じ配給量なのにみんなの平均をぬいたのです。一年経ったら見事に双方が逆転してしまいました（図13）。子どもの成長発達には、シスターの笑顔とビタミン愛がどんなに大切かを示すすごい話ですね。

その反対に、福岡にある津屋崎病院の思春期病棟

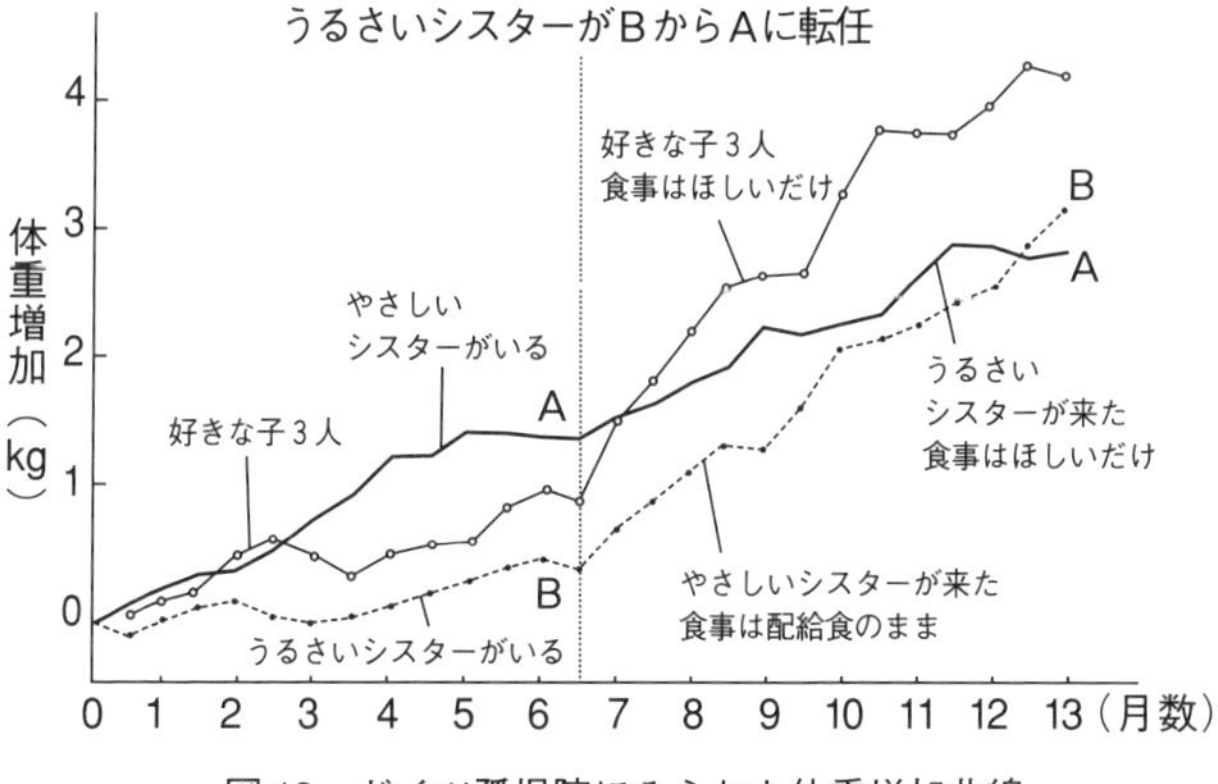

図13　ドイツ孤児院にみられた体重増加曲線
(Widdowson.1961)

では、たくさんの拒食症の子どもたちがいます。その子たちに家庭での食卓の様子を語らせたところ、「あんな食卓だったらひとりで食べる」と言いきりました。いないお父さんの悪口ばかり聞かされたり、食卓はお前のここが悪いとかあそこがどうだとか、説教の場だったそうです。写真4（六四ページ）にあったように、誰と食べるかが一番大事ですね。

●肯定的な言い方を覚えよう

子どもに注意するときに、これをしたらダメ、こうしなさいと命令ばかりしていませんか。子どもを力で押さえ込むといずれ力は逆転します。ラジカセの音がうるさくて仕事ができないお父さんは息子に言いました。「君が大きな音でラジオをかけると、お父さんは気が散って仕事できないんだ。これは明日会社に出さなければならない大事な仕事なのでこまってるんだ」と自分の気持ちを表現しました。彼はイヤホンで聞いてくれました。「やめろ！」とどなるより、どうしたらいいか考えさせるほうがより効果的ですね。

ジャック・ニクラウスを世界一にした奥さんのエピソードです。彼女はアドバイスするときに、否定的な表現を使わず肯定語を使って言いました。左の肩が下がるからいけませんと言わずに　左の肩を上げるともっとすてきよって言ったのだそうです。

よくタバコ吸ってもいい？　と聞かれます。でも私は否定しません。「いいよ、でもはきださないでね!」。すると相手が「すいません」。人を動かすものは何でしょう。喫煙者に、「健康に悪い」、「大気汚染のもと」、「慢性自殺」……など、どんなことを言ってもききません。ヘビースモーカーだった小出監督といえばあの世界的アスリート、Qちゃんこと高橋尚子選手を育てた監督ですね。彼は次の一言でタバコをやめたそうです。Qちゃん以外にも後に続く選手はたくさんいます。女子選手のひとりがいいました。監督、おかげさまでなんとかメダルの取れるところまできました。今度の大会ではきっと入賞できそうです。そのあかつきに監督がぜひそこにいてほしい、元気で一緒にその感動をわかちあってほしい。だからタバコをやめてください。

いい話でしょ。

●よろこびさがし

作家の五木寛之さんは、今まで多くの病気を体験してきました。その中からあっちが痛い、こっちが痛い、そういってもよくなるわけじゃない。それよりも今日はこんなことがあったからよかったという小さなよろこびをさがそう、そんな提案をしています。世界的な指揮者カラヤン氏も、その日の演奏会はいまいちだったのに、食事の時はそんなこと忘れてこのキャビアは最高、とても今日はいい日だと答えたそうです。この考え方は人生を楽しくさせると思いませんか。映画「サウンド・オブ・ミュージック」の中で、マリアは雷をこわがる子どもたちに「私のお気に入り」という歌を歌って、楽しいことを考える、これが恐さを吹き飛ばしてくれるコツだと言っていたでしょう。

二〇〇四年一〇月、台風23号で観光バスが水没し、旅行の帰りだった三七人がバスの屋根に取り残されたまま不安な一夜をすごしたという衝撃的なニュースがあったのを覚えていますか？　京都の舞鶴市でした。あきらめかけていた気持ちを奮い立たそうと、「上を向いて歩こう」の歌を夜どおし歌い続け、肩をくみ背中をさすりあって耐えぬいた一〇時間でした。「歌う」は「うったう」、つまり「人のこころに届くように訴える」から「歌う」

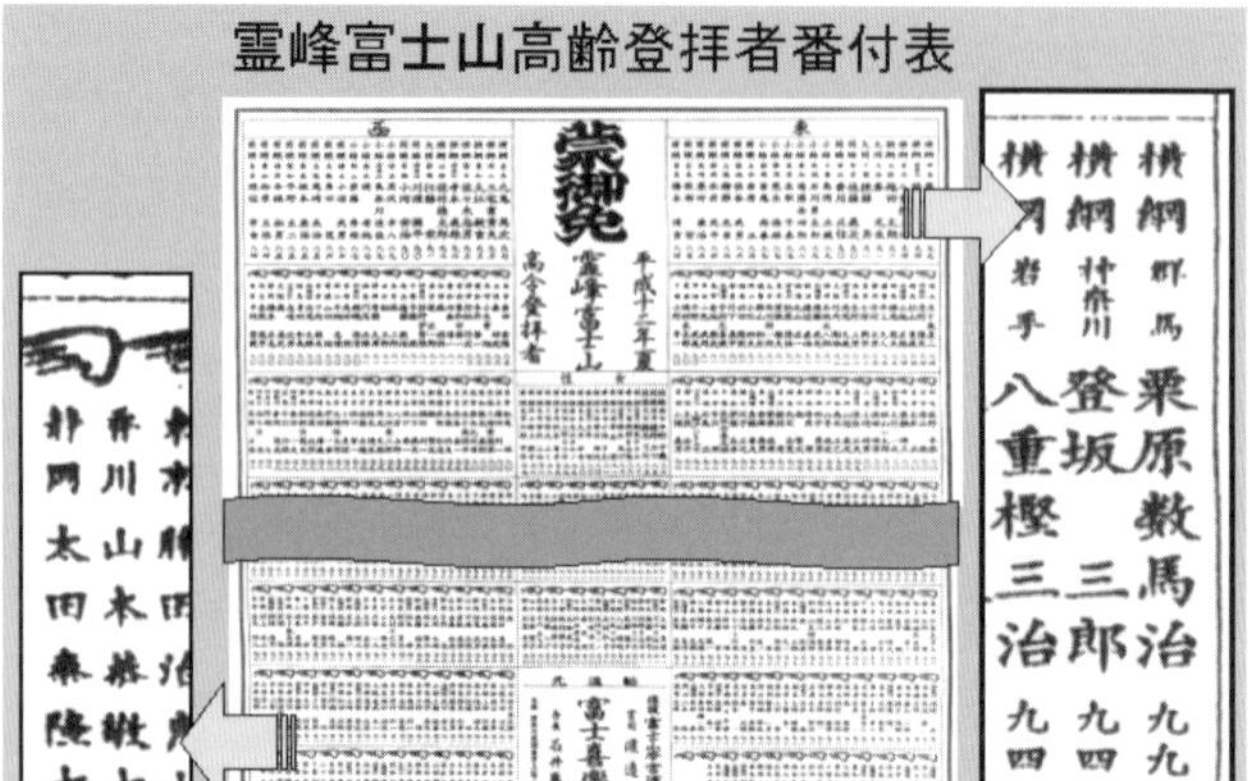

図 14

になったといわれています。そんな歌を親子三代にわたって歌える歌が今の日本にありますか? もういちどあの童謡・唱歌の名曲を子どもや孫たちへ歌いついでいきたいものですね。

ところで元気で長生きしてあなたは何をしたいのですか? 右ページの番付表(図14)を見たことがありますか? 霊峰富士山高齢登拝者の平成一二年のもので、昭和四八年から出ています。一番上の浅間神社で名前と年齢、住所を書くと、年齢の順で横綱、大関、関脇、小結、前頭と番付がつけられます。資格は数えで七〇歳以上です。この年の横綱は九九歳、真ん中は女性で八六歳の関脇です。ブラジル出身の人もいます。どこの誰さまは関係なし、還暦記念で登ってもだめです、今までの最高は一〇二歳、この方は初登頂が八〇歳、それから三年ごとに八回というつわものです。こういう目標が大事ですね。

●顔じゃんけん

知らないものどうしが集まって、手っ取り早く親しくなれるのが顔じゃんけんです(図15)。笑い学会の会員で、企業の接遇教育にこれをとり入れているのが門川義彦さんです。おかげで彼は全国でひっぱりだこです。二人ずつペアになって、にらめっこの要領で顔でじゃんけんをするのです。グーは自分の怒った顔、パーは反対に最高の笑顔、そしてチョキはひょっとこの顔です。お互い笑い出してすぐに親しくなれますよ。

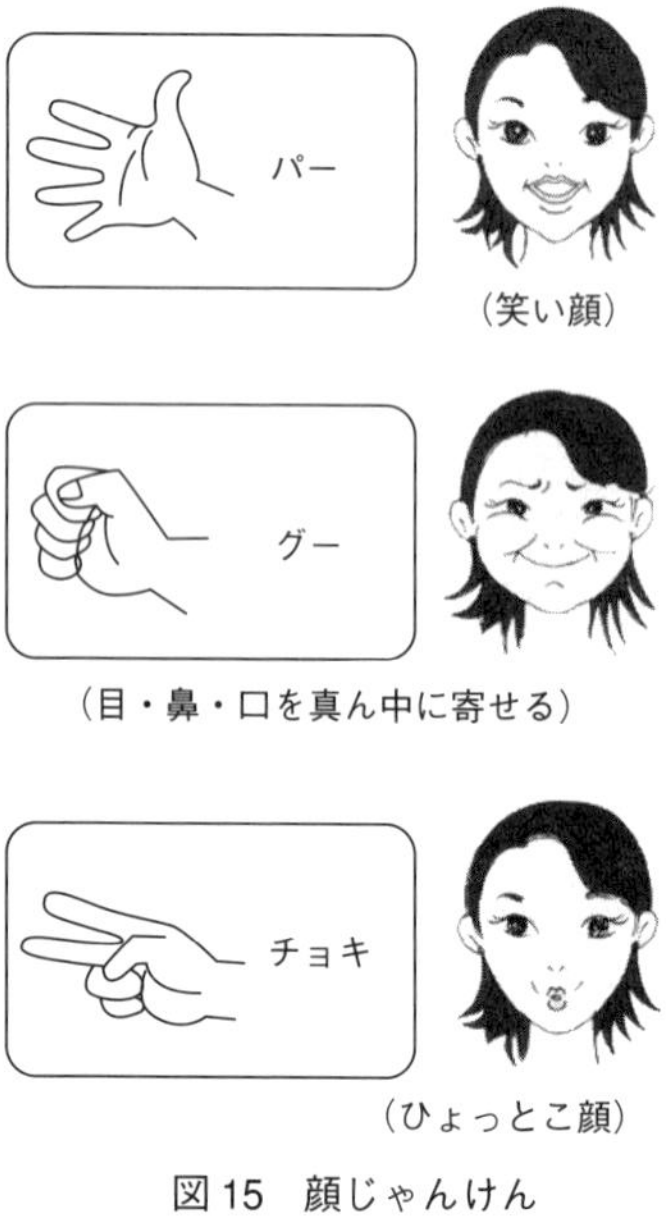

図15　顔じゃんけん

●妻に捧げた一七七八話

泉鏡花文学賞もとられた小説家の眉村卓さんは、奥様が突然ガン宣告を受け、それも余命一年の末期といわれて途方にくれました。退院してきた妻に自分ができることは何かと考えて思いついたのは、毎日、短い話を書いて妻に読んであげることでした。毎日を明るい気持ちですごし、よく笑うことがからだの免疫力をあげるとも聞いた。それならばということで、クスッと笑える話を書いて読んでもらううちに二年が過ぎ、思い切って一緒に海外旅行にも出かけました。話が一〇〇〇回になったときに、記念パーティを開いて、今までの作品をはじめて公開して自費出版しました。

でも、五年すぎて再入院し、奥さんは自分の力では読めなくなりました。彼は、奥さんのそばで自分の作品を読み続けました。意識がなくなり、とうとう最後の日、彼は書きました。「とうとう最終回になってしまいました。さぞ迷惑していたことでしょう。今日は今のあなたなら読める書き方をします。」そうして長い余白が続きます。最後に「いかがでしたか。長い間、ありがとうございました。また一緒に暮らしましょう」と結んでありました。この話は『妻に捧げた1778話』（新潮新書）として本にまとめられています。誰でも、自分のできることで誰かの笑顔をみたいのです。そして、それが余命宣告を越えて生きる力になることを見事に証明したのでした。

●日本笑い学会

笑いが大好きという異業種交流の場、それが日本笑い学会です。一九九四年に旗揚げして、もう一四年目になります。二〇〇〇年には、アジアではじめて国際ユーモア学会を大阪でやりました。誰でもはいれます。資格は年会費一万円を納めていただければＯＫ。支部も北海道から沖縄まで一八あります。連絡先は次のとおりです。笑いが大好きという共通点で、いろんな方とお知り合いになれます。これからはこういう「ひと財産」を作ることが大事ですね。

日本笑い学会連絡先

事務局　〒530-0047　大阪府大阪市北区西天満4-7-12-201
電話&FAX 06-6360-0503（月～金　11時～17時）
E-mail　warai@x.age.ne.jp
ホームページ　http://www.age.ne.jp/x/warai

北海道支部	電話& FAX 011-261-5010（札幌市）
みちのく支部	電話& FAX 022-386-3517（仙台市）
石巻支部	電話 0225-95-2424　FAX 0225-22-5144（石巻市）
関東支部	waraikanto 2004@yahoo.co.jp
新潟支部	電話 025-222-1125　FAX 025-222-1126（新潟市）
浜松支部	FAX 053-437-4009（浜松市）
中部支部	電話& FAX 0565-48-3753（豊田市）
みえユーモア支部	電話& FAX 059-393-4954（三重県立看護大学）
笑ってメン・ヘル滋賀支部	電話 0749-24-7808　FAX 0749-24-7807（彦根市）
京都支部	電話& FAX 075-681-5274
八尾・河内支部	電話 06-4396-5700　FAX 06-4396-2755（大阪市）
岡山笑わん会支部	電話 086-282-0086　FAX 086-282-6499（岡山市）
笑いんさい広島支部	電話 082-231-1365　FAX 082-231-9419（広島市）
四国支部	電話 0897-43-6151　FAX 0897-41-8108（新居浜市）
吉四六さん支部	電話& FAX 0974-32-3311（大分県野津町）
九州支部	電話 092-612-8311　FAX 092-612-8310
福岡支部	電話& FAX 092-714-1880（福岡市）
うちな～て～ふぁ沖縄支部	電話& FAX 098-882-9871（沖縄県中頭郡西原町）

おわりに

今から一八年前の昭和六二年、妊娠七カ月の妊婦さんの話です。今、海外旅行に行かねば当分行けない。大きいお腹をかかえて無理やりハワイに行きました。ところがそこで陣痛が来てしまい、早産で一キログラムの未熟児です。当時のアメリカの未熟児医療のレベルは高いのでちゃんと育ててくれました。お母さんは三日で退院して日本に帰ってきて、赤ちゃんは保育器の中で居残りさんです。ほぼ一〇〇日たって二キログラムを超え、日本にいるお母さんに退院通知と同時に請求書が送られてきました。さて、ここでみなさんに問題です。この医療費の請求額はいくらだと思いますか？　今回、保険はききません。全部自費です。正解は何と三〇〇〇万円です。日本の常識は世界の非常識です。アメリカでは、救急車を呼んでも請求書が来ます。向こうの救急車はドクターカーといって、必ず医者が乗っています。「動く病院」です。ちょっとした手術も車の中で全部できます。その代わり一度呼びますと、五〇〇ドル。日本円で六万円から七万円かかります。タクシー代わりに気楽に呼べる、そんなものではありません。

一八年たった今でも、妊婦さんから気楽に聞かれます。「先生、明日からの新婚旅行でハワイに行っていいですか」。その時に今の話をして、「からだに気をつけてね」。それだけしか言いません。「大丈夫です」なんて保証はできません。出血やお腹の痛みがあればストップをかけますが、現在何もないからといって、この人が一週間先に早産しないと誰か言えますか？　専門家に聞いたら何でもわかるか？　わかりません。私が言えるのはあくまで現在の段階までです。確かに仕事がら、子宮ガンや卵巣ガンなど、悪性の病気の時に診断書は書きます。でも、「あとどれぐらい生きられますか」と聞かれても、答えられません。

お医者さんによっては、「この卵巣ガン、悪性だし、こんなに腹水がたまっていたら、あと六カ月ですかね」とおっしゃる方があります。でもあとで聞いてみたら、お医者さんのほうが先に死んだという話もあるのです。だれだって死なないつもりで生きているのです。お坊さんだって死にます。鈴木その子さんも死にました。宮様だって亡くなります。こんな当たり前の話はありません。だから、死の話は縁起でもないものではなくて、最大の教育です。人間誰しも、必ず終わりが来る。だったらどう生きるんですか。よりよく生きる、それを考えさせてくれるのが他人の死なのです。

さあ、ここで今まで学んだ非まじめな発想で死を考えてみましょう。お葬式のときに故人を語る、そのとき決まってこういいます。「この方は生前…」というでしょう。死ぬ前の話をするんだったら死前というべきですね。どうして生前というんですか？　亡くなったとき大往生といいますね。往って生きると書いて往生。つまり、もう修行しなくていい新しい生のステージにはいる、そのステージから見たら修行しなければいけないこの世は「生前」ということになりませんか。とにかくあの世界はいいところらしいです。その証拠に誰も帰ってきた人がいないんです。こう考えたら面白いでしょう。

また別の角度から考えてみましょう。「人は二度死ぬ」という言い方があります。一度目は肉体の死、もう一度はその人のことを覚えていてくれた最後の人が亡くなったら、その人のことはこの世からは消えます。よく言うでしょう、こんなときあの先生が生きていたら何と言うだろう、こんなときお父さんが生きていたらどんなアドバイスをしてくれるだろうと。こんなふうに思い出してもらう間は、人は死んでいないと思います。逆に、この世で生きているのに話題にもならないというのは、生きていることになるのでしょうか？　いつまでも誰かの心の中に人は生き続けることができるのです。そうして、その方のことを思い出すとき、きっと笑顔ですね。日本の代表的な童謡「里の秋」の二番の歌詞を思い出してください。「明るい明るい星の夜…ああ父さんのあの笑顔　栗の実食べては思い出す」。いつもむずかしい顔ばかりしていては、みんなの記憶に残るのはその仏頂面だけです。顔は人さまに見ていただくためにあるんです。

健康法は知っているだけではなんの役にもたちません。「知る、できる、わかる」といって、できてはじめてわかったといえるのです。知ってるつもりが多すぎると思いませんか。一年ほど前のニュースで牛丼一日解禁というのがありました。牛丼にありつけなくて、怒って店に車をぶつけたという輩もいました。そんな毒まんじゅうばかり食べている人たちの体内は真っ黒です。少々解毒剤を入れてもダメ。養生の基本はまず「出す」こと。まず水分を多くとって汗と尿で出す。そのときありがとうといって飲むとより効果的です。固体で出すのは玄米と生野菜、そして涙で出す（涙にはストレスホルモンがいっぱいあります）、人に話を聞いてもらうことで心のウサが晴れます。

呼吸も連続してはく、それが歌うことと笑うことです。自分の意思で動かせない自律神経にはアクセルの交感神経とブレーキの副交感神経があります。この出すという行為にはすべて副交感神経が働いています。交感神経の過剰緊張が病気ですから、リラックスの副交感神経優位にすればいいのです。なんといってもタダなんですから。これからは「正しい生き方」より「楽しい生き方」です。そのポイントは「許す、忘れる」ということ。絶対許さないというから眠れないのです。この二つができると眠れるようになり、笑顔がもどり、みんなからほめられます。おはようからおやすみまで笑顔が一番ですね。

著者略歴

昇　幹夫

（のぼり・みきお）　1947年鹿児島生まれ。九州大学医学部卒業、麻酔科、産婦人科の専門医。大阪市で産婦人科診療をしながら、「日本笑い学会」副会長として 笑いの医学的効用を研究。現在は「元気で長生き研究所」所長として 全国を講演活動中の自称「健康法師」。ＮＨＫラジオ深夜便で「こころの時代」・「健康百話」、民放の人気番組「おもいッきりテレビ」にも出演。

主な著書 『笑いは心と脳の処方せん』(リヨン社)、『笑顔がクスリ』(保健同人社)、『過労死が頭をよぎったら読む本』(河出書房新社)、『涙がでるほど笑ってラクになる本』(ハギジン出版)、『笑いと健康』・『笑いは百薬に勝る』(美県ガイド社直販・大阪)、NHK ラジオ深夜便 CD「健康は笑いから」。

●著者問い合わせ先
http://homepage2.nifty.com/smilenobori/
FAX :06-6460-8158

笑って長生き

2006年 6 月16日　第1刷発行
2008年 3 月 3 日　第7刷発行

定価はカバーに表示してあります

◉著者——昇　幹夫
◉発行者——中川　進
◉発行所——株式会社　大月書店
〒113-0033　東京都文京区本郷2-11-9
電話（代表）03-3813-4651
振替 00130-7-16387・FAX03-3813-4656
http://www.otsukishoten.co.jp/
◉印刷——光陽メディア
◉製本——中永製本

ISBN978-4-272-61218-5　C0077